U0932721

《资治通鉴》精编

第二册

[宋]司马光　著　谢　普◎主编

改革币制（卷三十七◎汉纪二十九）

【原文】

王莽中始建国二年

莽以钱币讫不行，复下书曰："宝货皆重则小用不给，皆轻则僦载烦费；轻重大小各有差品，则用便而民乐。"于是更作金、银、龟、贝、钱、布之品，名曰宝货。钱货六品，金货一品，银货二品，龟货四品，贝货五品，布货十品，凡宝货五物、六名、二十八品。铸作钱布，皆用铜，殽以连、锡。百姓溃乱，其货不行。

莽知民愁，乃但行小钱直一与大钱五十，二品并行；龟、贝、布属且寝。盗铸钱者不可禁，乃重其法，一家铸钱，五家坐之，没入为奴婢。吏民出入持钱，以副符传，不持者厨传勿舍，关津苛留。公卿皆持以入宫殿门，欲以重而行之。

是时百姓便安汉五铢钱，以莽钱大小两行，难知，又数变改，不信，皆私以五铢钱市买；讹言大钱当罢，莫肯挟。莽患之，复下书："诸挟五铢钱、言大钱当罢者，比非井田制，投四裔！"及坐卖买田宅、奴婢、铸钱，自诸侯、卿大夫至于庶民，抵罪者不可胜数。于是农商失业，食货俱废，民人至涕泣于市道。

【译文】

王莽始建国二年（庚午，公元10年）

王莽因钱币一直不流通，又下诏说："钱币若都是大面额，则不可以应付小额交易；钱币若都是小面额，则运输装载就很麻烦费事。轻重大小都是各有不同的，那么使用就方便，百姓就欢迎。"于是，改铸金币、银币、龟币、贝币、钱币、布币六种，称为宝币。其中钱币六种，金币一种，银币二种，龟币四种，贝币五种，布币十种。总计货币共有五类、六种名称、二十八个等级。钱币、布币都用铜铸作，在其间混杂铅锡。因为货币的种类过多，百姓生活陷入混乱之中，货币从而不能流通。

王莽了解到了人民的怨愁，于是重新使用值一钱的小钱和值五十钱的大钱，两种并行，龟币、贝币、布币暂且停止使用。私自铸钱的没有办法禁止，于是便加重刑罚，只要一家铸钱，邻居五家连坐，并把这些人送到官府去当奴婢。官吏和平民若要外出必须携带钱币作为通行副证，不携带的人，旅舍不许住宿，关卡和渡口要盘问留难。公卿大臣都要携带它才能进入宫殿大门，想用这样的办法提高它的身价从而得以流通。

在当时，百姓都以为汉五铢钱适用方便，而王莽钱因有大有小，两种钱同时发行，很难将其分辨出来，并且不断地变化，所以很不信任它，都私自用五铢钱在市场上购买商品，并谣传说大钱会被废除，所以没有人肯使用大钱。王莽感到很是烦恼，再下诏书："凡是挟带五铢钱的，说大钱将要废除的，比照'诽谤井田制'罪状，放逐到四方边远的地区！"被指控买卖田宅、买卖奴婢、盗铸钱币的人，从封国国君、朝廷官员再到平民，犯法的人不计其数。于是农民、商人失业，全国经济崩溃，百姓在街市道路上哭泣。

光武中兴（卷三十八◎汉纪三十～三十一）

【原文】

王莽地皇三年

初，长沙定王发生舂陵节侯买，买生戴侯熊渠，熊渠生考侯仁。仁以南方卑湿，徙封南阳之白水乡，与宗族往家焉。仁卒，子敞嗣；值莽篡位，国除。节侯少子外为郁林太守，外生钜鹿都尉回，回生南顿令钦。钦娶湖阳樊重女，生三男：縯、仲、秀，兄弟早孤，养于叔父良。縯性刚毅，慷慨有大节，自莽篡汉，常愤愤，怀复社稷之虑，不事家人居业，倾身破产，交结天下雄俊。秀隆准日角，性勤稼穑；縯常非笑之，比于高祖兄仲。秀姊元为新野邓晨妻，秀尝与晨俱过穰人蔡少公，少公颇学图谶，言："刘秀当为天子！"或曰："是国师公刘秀乎？"秀戏曰："何用知非仆邪？"坐者皆大笑，晨心独喜。

宛人李守，好星历、谶记，为莽宗卿师。尝谓其子通曰："刘氏当兴，李氏为辅。"及新市、平林兵起，南阳骚动，通从弟轶谓通曰："今四方扰乱，汉当复兴。南阳宗室，独刘伯升兄弟泛爱容众，可与谋大事。"通笑曰："吾意也！"会秀卖谷于宛，通遣轶往迎秀，与相见，因具言谶文事，与相约结，定计议。通欲以立秋材官都试骑士日，劫前队大夫甄阜及属正梁丘赐，因以号令大众，使轶与秀归舂陵举兵以相应。于是縯召诸豪杰计议曰："王莽暴虐，百姓分崩。今枯旱连年，兵革并起，此亦天亡之时，复高祖之业，定万世之秋也！"众皆然之。于是分遣亲客于诸县起兵，縯自发舂陵子弟。诸家子弟恐惧，皆亡匿，曰："伯升杀我！"及见秀绛衣大冠，皆惊曰："谨厚者亦复为之！"乃稍自安。凡得子弟七八千人，部署宾客，自称"柱天都部"。秀时年二十八。李通未发，事觉，亡走；父守及家属坐死者六十四人。

縯使族人嘉招说新市、平林兵，与其帅王凤、陈牧西击长聚，进屠唐子乡，又杀湖阳尉。军中分财物不均，众恚恨，欲反攻诸刘。秀敛宗人所得物，悉以与之，众乃悦。进拔棘阳，李轶、邓晨皆将宾客来会。

【译文】

王莽地皇三年（壬午，公元22年）

最开始，汉朝长沙定王刘发，生了春陵节侯刘买，刘买生了戴侯刘熊渠，刘熊渠生了考侯刘仁。刘仁因为南方地势较为低下，气候潮湿，被改封到南阳郡的白水乡，与宗族迁居来到这里。刘仁死后，儿子刘敞继承了爵位。正好赶上王莽篡夺帝位，封国被撤除。春陵节侯刘买的小儿子刘外当郁林太守，刘外生钜鹿都尉刘回，刘回又生了南顿令刘钦。刘钦娶湖阳樊重的女儿为妻，生了三个儿子：刘縯、刘仲、刘秀。三兄弟幼年丧父，由叔父刘良抚养。刘縯性情刚强有毅力，慷慨有大节。从王莽篡夺汉朝政权之后，刘縯经常很是愤怒，心里怀着光复汉朝的志向，不经营家产，反而卖田卖宅，用来结交天下英雄俊杰。刘秀生得鼻梁高耸，额角隆起，性格勤勉，喜爱种田。刘縯常常讥笑他，把他比作刘邦的哥哥刘仲。刘秀的姐姐刘元，是新野县邓晨的妻子。刘秀曾经和邓晨一块儿拜访穰县的蔡少公，少公对图谶颇有研究，说："刘秀当做天子啊！"有人接着说："这说的不是国师公刘秀吧？"刘秀开着玩笑说："你怎么知道不是我呢？"在座的人都哄堂大笑，只有邓晨暗暗高兴。

宛城人李守，喜爱星象与谶书，担任王莽的宗卿师，曾对他的儿子李通说："刘姓一定会复兴的，李姓将会做辅佐大臣。”等到新市兵、平林兵崛起，南阳郡人心浮动，李通的堂弟李轶对李通说：“如今天下动乱，汉朝一定会重新兴盛。南阳刘姓皇族，只有刘伯升兄弟博爱，对人很是宽大，可以与其图谋大事。”李通笑着说：“我正有这个意思。”正巧刘秀运粮食到宛城贩卖。李通派李轶前往迎接刘秀，和他相见，详细地谈了谶文的事，于是他们就互相结交，商定了大概计划。李通本打算在立秋那天，趁着骑兵武士大检阅的时候，劫持前队大夫甄阜和属正梁丘赐，然后再发号施令，聚集众人起兵，再让李轶与刘秀回到舂陵起兵，从而互相呼应。于是刘縯召集当地的豪杰商量说：“王莽凶残暴虐，百姓分崩离析，现今连年大旱，处于兵荒马乱时期，这是上天要灭亡他的时候，是恢复高祖的大业，建立千秋万世的功劳的时候啊！”大家都表示同意与赞同。于是分别派出亲友宾客在各县起事，刘縯自己则发动舂陵的子弟。各家子弟都非常害怕，纷纷逃避躲藏，说：“刘伯升会害死我！”直到看见刘秀身着红衣，头戴大冠，改穿将军服装，都非常吃惊地说：“谨慎忠厚的人也这样做了呀！”心里才渐渐安定下来。共集合子弟七八千人，安排下属，号称“柱天都部”。刘秀当时二十八岁。李通的起兵计划没有付诸实施就泄露了，李通逃走了。他的父亲李守和家属受牵连被诛杀，共死了六十四人。

刘縯想让同族人刘嘉去说服新市兵、平林兵，和他们的

首领王凤、陈牧一起向西击长聚，攻陷了唐子乡，杀伤了很多人，又杀死了湖阳尉。因为军中分配财物很不公平，众人愤怒且十分怨恨，于是打算去反击刘姓家族的部队。刘秀听闻后，收拢了同宗族人所得到的财物，全都交了出来分给大家，大家才高兴了。再次向前挺进，攻陷棘阳。李轶、邓晨各带着他们的宾客前来会合。

【原文】

严尤、陈茂破下江兵。成丹、王常、张卬等收散卒入蒌溪，略钟、龙间，众复振。引军与荆州牧战于上唐，大破之。

刘縯欲进攻宛，至小长安聚，与甄阜、梁丘赐战。时天密雾，汉军大败。秀单马走，遇女弟伯姬，与共骑而奔。前行，复见姊元，趣令上马，元以手挥曰："行矣，不能相救，无为两没也！"会追兵至，元及三女皆死，縯弟仲及宗从死者数十人。

縯复收会兵众，还保棘阳。阜、赐乘胜留辎重于蓝乡，引精兵十万南度潢淳，临沘水，阻两川间为营，绝后桥，示无还心。新市、平林见汉兵数败，阜、赐军大至，各欲解去，縯甚患之。会下江兵五千馀人至宜秋，縯即与秀及李通造其壁曰："愿见下江一贤将，议大事。"众推王常。縯见常，说以合从之利，常大悟曰："王莽残虐，百姓思汉。今刘氏复兴，即真主也，诚思出身为用，辅成大功。”縯曰：“如事成，岂敢独飨之哉！”遂与常深相结而去。常还，具为徐将成丹、张卬言之。丹、卬负其众曰：“大丈夫既起，当各自为主，何故受人制乎！”常乃徐晓说其将帅曰：“王莽苛酷，积失百姓之心，民之讴吟思汉，非一日也，故使吾属因此得起。夫民所怨者，天所去也；民所思者，天所与也。举大事，必当下顺民心，上合天意，功乃可成；若负强恃勇，触情恣欲，虽得天下，必复失之。以秦、项之势，尚至夷覆，况今布衣相聚草泽，以此行之，灭亡之道也。今南阳诸刘举兵，观其来议者，皆有深计大虑，王公之才，与之并合，必成大功，此天所以祐吾属也！”下江诸将虽屈强少识，然素敬常，乃皆谢曰：“无王将军，吾属几陷于不义！”即引兵与汉军及新市、平林合。于是诸部齐心同力，锐气益壮。縯大飨军士，设盟约，休卒三日，分为六部。十二月，晦，潜师夜起，袭取蓝乡，尽获其辎重。

【译文】

严尤、陈茂将下江兵打败。下江兵首领成丹、王常、张卬等招收逃散的士兵，退入蒌溪，在三钟山和石龙山的中间重整部队，人数不断增多，声势非常震撼。后来就和荆州牧在上唐会战，大破州府官军。

刘縯想要进攻宛城，进入小长安聚，和前队大夫甄阜、属正梁丘赐交战。当时弥漫着大雾，刘縯率领的汉军大败而去。刘秀骑着马逃命，刚巧遇到妹妹刘伯姬，兄妹一起乘坐马奔跑。再向前行进时，又遇到姐姐刘元，刘秀叫她快速上马。刘元挥着手说：“跑吧，你们无法救我的，不要死在一起！”这时追兵已经到了，刘元和她的三个女儿都被官府军诛杀了。刘縯的弟弟刘仲及刘姓宗族一同死亡的有数十人。

刘縯又集合兵众，退到棘阳据守。甄阜、梁丘赐乘着胜利把物资留在蓝乡，率领精兵十万南渡潢淳水，到达了沘水，在潢淳水与沘水之间扎营布防，打算破坏身后的桥梁，表示再也不回师的决心。新市兵、平林兵看到汉兵多次遭到挫败，甄阜、梁丘赐的军队又要来进攻，纷纷想要逃走，刘縯忧心忡忡。刚巧下江兵五千余人进抵宜秋聚，刘縯带着刘秀、李通亲自到他们营寨拜访，说：“我们希望见到下江一位贤明的将领，商议大事。”下江兵推举了王常。刘縯看见王常后，讲述了联合作战的利益。王常大彻大悟，说：“王莽残酷暴虐，百姓都思念汉朝。现在刘姓家族复兴，就是真正的天下之主。我愿意挺身而出效力你们，辅佐大业成功。”刘縯说：“倘若事业成功了，我不敢独自享受啊！”于是和王常深入结交，告辞而去。王常回来后，把他的想法告诉下江兵的其他将领成丹、张卬。成丹、张卬自认为他们的兵力强大，说：“大丈夫既然要起事，就应该自己当主子，为什么还要受别人的控制呢？”王常于是慢慢地给他们分析道理

说："王莽苛刻残酷，不断地丧失民心。百姓歌唱吟咏，思念汉朝，已经不是一天两天的事了。正因为这样，我们才能够趁机崛起。民心所怨恨的，上天一定会铲除它；民心所盼望的，上天一定会赐予。起义这种大事业，一定要下顺民心，上合天意，然后大功才能够成就。若仗恃自己的强大勇猛，感情用事，想要做什么就做什么，即使得到了天下，也一定会再失掉的。以秦王朝和西楚霸王项羽的势力，还归于消灭，更何况现在我们这些平民，在山林水泽聚集成群，假若也任情纵欲，那简直是在走灭亡的道路。现在，南阳郡刘姓家族起兵，我仔细观察了他们派来跟我们商谈的这几位，都有着深谋远虑，有王公的才能。和他们合作，一定会成就大功，这可是上天用来保佑我们的啊！"下江兵的将领们向来倔强又缺少见识，但一直尊敬王常，于是一致道歉说："若没有王将军，我们几乎会陷于不义！"于是立即率领军队与汉军、新市兵、平林兵会合。于是各部同心协力，士气高昂。刘縯用丰盛的酒食招待军队，订立起了盟约，让士兵休息三天。然后，把军队分为六路。十二月三十日，军队秘密行动，乘夜出发，攻取蓝乡，把甄阜军的物资全部夺获。

【原文】

淮阳王更始二年

春，正月，大司马秀以王郎新盛，乃北徇蓟。

申屠建、李松自长安迎更始迁都。二月，更始发洛阳。初，三辅豪桀假号诛莽者，人人皆望封侯。申屠建既斩王宪，又扬言：“三辅儿大黠，共杀其主。”吏民惶恐，属县屯聚；建等不能下。更始至长安，乃下诏大赦，非王莽子，他皆除其罪，于是三辅悉平。

时长安唯未央宫被焚，其馀宫室、供帐、仓库、官府皆案堵如故，市里不改于旧。更始居长乐宫，升前殿，郎吏以次列庭中。更始羞怍，俯首刮席，不敢视。诸将后至者，更始问：“虏掠得几何？”左右侍官皆宫省久吏，惊愕相视。

【译文】

淮阳王更始二年（甲申，公元24年）

正月的春季，大司马刘秀因为王郎刚刚崛起，正处于兴盛状态，于是北向蓟州夺取土地。

申屠建、李松从长安迎接刘玄迁都。二月，刘玄从洛阳出发。最初，三辅的英雄豪杰借用汉将军名号杀死了王莽，所有人都盼望着能够封侯。申屠建把王宪杀了，又宣扬说：“三辅男子太过凶狠狡黠，共同杀死了他们的首领。”官员百姓一片慌乱，三辅所属各县聚集兵力自我保护，申屠建等不能攻下。刘玄到了长安，于是下诏大赦天下，除王莽后代外，其他的人都免其罪，于是三辅才得到安定。

在当时，长安只有未央宫被焚烧，其他的宫室、供帐、仓库、官府都安然无恙，城市街巷和原来一样，什么都没有改变。刘玄在长乐宫居住，登上前殿，官吏们按照其次序，排列在正殿前的院子里等候朝见。刘玄羞愧惭怍，低下头用手刮擦席子，不敢看人。将领们有后到的，刘玄问："抢了多少东西了？"左右侍官都是宫禁中的旧吏，对于这句话很是惊愕，面对面没有说话。

【原文】

李松与棘阳赵萌说更始宜悉王诸功臣；朱鲔争之，以为高祖约，非刘氏不王。更始乃先封诸宗室：祉为定陶王，庆为燕王，歙为元氏王，嘉为汉中王，赐为宛王，信为汝阴王。然后立王匡为泚阳王，王凤为宜城王，朱鲔为胶东王，王常为邓王，申屠建为平氏王，陈牧为阴平王，卫尉大将军张卬为淮阳王，执金吾、大将军廖湛为穰王，尚书胡殷为随王，柱天大将军李通为西平王，五威中郎将李轶为舞阴王，水衡大将军成丹为襄邑王，骠骑大将军宗佻为颍阴王，尹尊为郾王。唯朱鲔辞不受。乃以鲔为左大司马，宛王赐为前大司马，使与李轶等镇抚关东。又使李通镇荆州，王常行南阳太守事。以李松为丞相，赵萌为右大司马，共秉内任。

更始纳赵萌女为夫人，故委政于萌，日夜饮宴后庭。群臣欲言事，辄醉不能见，时不得已，乃令侍中坐帷中与语。韩夫人尤嗜酒，每侍饮，见常侍奏事，辄怒曰："帝方对我饮，正用此时持事来邪!”起，抵破书案。赵萌专权，生杀自恣。郎吏有说萌放纵者，更始怒，拔剑斩之，自是无敢复言。以至群小、膳夫皆滥授官爵，长安为之语曰：“灶下养，中郎将；烂羊胃，骑都尉；烂羊头，关内侯。”军师将军李淑上书谏曰：“陛下定业，虽因下江、平林之势，斯盖临时济用，不可施之既安。唯名与器，圣人所重。今加非其人，望其裨益万分，犹缘木求鱼，升山采珠。海内望此，有以窥度汉祚!”更始怒，囚之。诸将在外者皆专行诛赏，各置牧守。州郡交错，不知所从。由是关中离心，四海怨叛。

【译文】

李松与棘阳人赵萌建议刘玄封功臣为王。朱鲔就和他们争辩起来，认为汉高祖刘邦曾经事先说定，不是刘姓皇族不能封王。刘玄于是首先赐封了刘姓宗族：刘祉为定陶王，刘庆为燕王，刘歙为元氏王，刘嘉为汉中王，刘赐为宛王，刘信为汝阴王。然后封王匡为泚阳王，王凤为宜城王，朱鲔为胶东王，王常为邓王，申屠建为平氏王，陈牧为阴平王，卫尉大将军张卬为淮阳王，执金吾大将军廖湛为穰王，尚书胡殷为随王，柱天大将军李通为西平王，五威中郎将李轶为舞阴王，水衡大将军成丹为襄邑王，骠骑大将军宗佻为颍阴王，尹尊为郾王。只有朱鲔推辞，不肯接受其任命。于是任命朱鲔为左大司马，宛王刘赐为前大司马，让他们与李轶等

人安抚函谷关以东地区。又让李通镇守荆州，王常代理了南阳太守的职位。任命李松当丞相，赵萌当右大司马，一起承担朝廷之内的责任。

刘玄娶赵萌的女儿当夫人，所以把一切政事都交给赵萌去管，日夜在后宫饮宴。臣属们想向君主奏闻或议论政事，刘玄总是因醉酒而无法相见，有时不得已，就命令侍中坐在帐幕之中和群臣说话。韩夫人爱好喝酒，每当侍奉刘玄喝酒时，见中常侍向天子奏事，经常生气地说："皇上正在和我喝酒，你却偏偏利用这个时候奏事！"于是就起身，击破书案。赵萌专擅大权，自己随意杀人。郎官中有人说赵萌放纵，刘玄非常生气，拔剑斩杀了那个人，从此再也没有人敢说赵萌的不是。以至于许多小人、厨子，都被滥授官爵。长安人把这件事编成歌谣说："灶下养，中郎将；烂羊胃，骑都尉；烂羊头，关内侯。"军师将军李淑上书规劝说："陛下创业，即使是利用下江兵、平林兵的势力，也只是临时措施，不可以把它施加到已经安定的时期。只有名分与车服仪制是圣人所看重的，如今给了不应该给的人，又希望他们能有万分益处，这就像上树找鱼，登山采珠。四海之内若有人看到这样，就会暗中窥伺汉朝的皇位。"刘玄很是气愤，把他囚禁起来。将领们在朝廷外的都自行赏罚，各设官吏，各州、各郡交叉错杂，不知服从谁好。因此关中地区民心偏离，全国上下，百姓怨恨并起了叛乱之心。

【原文】

更始征隗嚣及其叔父崔、义等，嚣将行，方望以为更始成败未可知，固止之。嚣不听，望以书辞谢而去。嚣等至长安，更始以嚣为右将军，崔、义皆即旧号。

耿况遣其子弇奉奏诣长安，弇时年二十一。行至宋子，会王郎起，弇从吏孙仓、卫包曰："刘子舆，成帝正统；舍此不归，远行安之!"弇按剑曰："子舆弊贼，卒为降虏耳!我至长安，与国家陈上谷、渔阳兵马，归发突骑，以辚乌合之众，如摧枯折腐耳。观公等不识去就，族灭不久也!"仓、包遂亡，降王郎。

弇闻大司马秀在卢奴，乃驰北上谒；秀留署长史，与俱北至蓟。王郎移檄购秀十万户，秀令功曹令史颍川王霸至市中募人击王郎，市人皆大笑，举手邪揄之，霸惭㦃而反。秀将南归，耿弇曰："今兵从南方来，不可南行。渔阳太守彭宠，公之邑人；上谷太守，即弇父也。发此两郡控弦万骑，邯郸不足虑也。"秀官属腹心皆不肯，曰："死尚南首，奈何北行入囊中!"秀指弇曰："是我北道主人也。"

【译文】

刘玄征召隗嚣和他的叔父隗崔、隗义等人。隗嚣将要出发，方望因为刘玄成败尚且还不知道，坚决地想要制止他，隗嚣却不听他的建议，方望留下一封书信，告辞离去了。隗嚣等到达长安后，刘玄任命隗嚣为右将军，隗崔、隗义则按其旧有的称号赐封。

耿况派他的儿子耿弇带着上呈的奏章到达长安，耿弇当时二十一岁。走到宋子县，正巧看见王郎起事，耿弇的从官孙仓、卫包说："刘子舆可是汉成帝一脉相传的嫡子，舍弃他而不归附，远行到哪里去呢？"耿弇用手握着剑柄说："刘子舆只是个欺骗蒙混的贼子，最后要成为投降的俘虏。我要到长安，向朝廷讲述上谷郡和渔阳郡的兵马状况，回去后征发能够驰突的骑兵，用此来践踏那些乌合之众，就像摧枯拉朽一样。看你等没有选择主子而跟从的眼光，灭族之祸不远了！"于是孙仓、卫包逃亡，投降了王郎。

耿弇听说大司马刘秀在卢奴，于是骑马奔驰向北要求拜见。刘秀让他留在他的府中任长史，和他一块儿北上到达蓟县。王郎命令人传递檄书，用十万户的采邑作悬赏擒杀刘秀。刘秀派大司马功曹令史颍川人王霸到市中招募人打击王郎。可市人都发声大笑，举起手来挖苦他，王霸惭愧地回去了。刘秀就想要南归，耿弇说："现在兵从南方来，不可向南行。渔阳太守彭宠是您的同乡；上谷太守是我的父亲。征发这两郡骑兵大概一万人，对王郎就用不着忧虑了。"刘秀的属官和亲信都不肯，说："人要死了，头也要向着南方，为什么向北进入人囊中呢？"刘秀指着耿弇说："这就是我

北路的主事人。”

【原文】

会故广阳王子接起兵蓟中以应郎，城内扰乱，言邯郸使者方到，二千石以下皆出迎。于是秀趣驾而出，至南城门，门已闭。攻之，得出。遂晨夜南驰，不敢入城邑，舍食道傍。至芜蒌亭，时天寒烈，冯异上豆粥。至饶阳，官属皆乏食。秀乃自称邯郸使者，入传舍，传吏方进食，从者饥，争夺之。传吏疑其伪，乃椎鼓数十通，绐言“邯郸将军至”，官属皆失色。秀升车欲驰，既而惧不免，徐还坐，曰：“请邯郸将军入。”久，乃驾去。晨夜兼行，蒙犯霜雪，面皆破裂。

至下曲阳，传闻王郎兵在后，从者皆恐。至滹沱河，候吏还曰：“河水流澌，无船，不可济”。秀使王霸往视之。霸恐惊众，欲且前，阻水还，即诡曰：“冰坚可度。”官属皆喜。秀笑曰：“候吏果妄语也。”遂前。比至河，河冰亦合，乃令王霸护度，未毕数骑而冰解。至南宫，遇大风雨，秀引车入道傍空舍，冯异抱薪，邓禹爇火，秀对灶燎衣，冯异复进麦饭。

【译文】

刚好原广阳王的儿子刘接在蓟中起兵，并响应王郎，城内一片混乱，听闻王郎的使者刚刚到达，二千石和以下的官吏都出来迎接。于是刘秀慌忙驾车出城，到达了南城门，城门却已经关闭。向南城门发起攻击，才得以出城。一行人昼夜向南急驰，不敢再进入城市，在路旁食宿。到达芜蒌亭，当时天气酷寒，没有什么食物。冯异呈上豆粥给刘秀喝。到了饶阳，属官们都缺乏食品。刘秀于是自称邯郸的使者，进入了客馆。客馆的官吏正在吃饭，刘秀的随从饥饿难以忍受，争抢食物。官吏们怀疑刘秀是个假使者，就用棒槌敲鼓数十遍，欺骗说："邯郸将军到。"刘秀的属官都吓得变了脸色。刘秀登车想要逃走，后来害怕逃不掉，慢慢地回到座位上，说："请邯郸将军进来。"很久以后，才乘车离开。日夜兼程，顶风霜冒大雪，脸上冻得布满了裂痕。

刘秀等到了下曲阳县，听闻王郎在后追赶，随从官员都很害怕。到了滹沱河边，到前探听消息的官员回来说："河水已解冻，冰随着水流，且没有船，不可以渡河。"刘秀命王霸前往察看。王霸害怕惊吓住众人，想要再向前打探，却受到水的阻挡，于是回来了，就撒谎说："河水已结冰，坚实可以渡过。"属官们听闻很高兴。刘秀笑着说："去探听消息的官吏果然是瞎说的！"于是就向前进发。当到达河畔时，河水真的已结冰了。刘秀派王霸去监护渡河，在仅剩下几个骑马的人还没有到达对岸时，冰就已融解了。到达南宫，遇到大风雨，刘秀下车进入路旁的空房，冯异抱来柴

草，邓禹将其点燃，刘秀对着灶火烤起衣服，冯异又呈上麦饭。

【原文】

进至下博城西，惶惑不知所之。有白衣老父在道旁，指曰："努力！信都郡为长安城守，去此八十里。"秀即驰赴之。是时郡国皆已降王郎，独信都太守南阳任光、和戎太守信都邳彤不肯从。光自以孤城独守，恐不能全，闻秀至，大喜，吏民皆称万岁。邳彤亦自和戎来会，议者多言可因信都兵自送，西还长安。邳彤曰："吏民歌吟思汉久矣，故更始举尊号而天下响应，三辅清宫除道以迎之。今卜者王郎，假名因势，驱集乌合之众，遂振燕、赵之地，无有根本之固。明公奋二郡之兵以讨之，何患不克！今释此而归，岂徒空失河北，必更惊动三辅，堕损威重，非计之得者也。若明公无复征伐之意，则虽信都之兵，犹难会也。何者？明公既西，则邯郸势成，民不肯捐父母、背成主而千里送公，其离散亡逃可必也！"秀乃止。

【译文】

刘秀等人前进到达下博城西，很是惊慌迷惑，不知道该向哪里去。有个身穿白衣的老人在路旁，指着前面说："努力走吧！信都郡是长安的门户，离这里只有八十里。"刘秀立刻奔赴那里。当时各郡国都已经投降王郎，只有信都太守南阳人任光、和戎太守信都人邳彤不肯归附。任光自己也认为独守孤城，不能自保，听闻刘秀到来，十分高兴，官民一起高呼万岁。邳彤也从和戎来相会。议论的大多都说可以依靠信都兵护送，西回长安。邳彤说："官民们歌咏思念汉朝已经很久了，因此刘玄举起尊贵的称号从而使天下人响应，三辅清理宫室、修治道路用来迎接他的到来。如今占卜先生王郎冒充汉成帝庶子的名声，顺应潮流发展的趋势，一起驱赶集合了乌合群众，声振燕、赵之地，可他并没有坚固的基础。您可让信都、和戎两郡的军队奋发起来讨伐王郎，不用担心不能取胜！如今放弃这样的条件回归长安，那可是白白地失去了黄河以北的地方，势必将惊动三辅，大大损毁您的威信，不是好的计策。若阁下没有讨伐王郎的意图，那么就算是信都的地方部队，也很难将其召集。为什么呢？阁下既然要西行，邯郸方面就会控制局势，百姓就不会抛弃父母、背叛现在的主人，千里迢迢护送您。他们离散逃亡是一定的。"刘秀因此就决定不走。

【原文】

秀以二郡兵弱，欲入城头子路、力子都军中，任光以为不可。乃发傍县，得精兵四千人，拜任光为左大将军，信都都尉李忠为右大将军，邳彤为后大将军、和戎太守如故，信都令万修为偏将军，皆封列侯。留南阳宗广领信都太守事，使任光、李忠、万修将兵以从，邳彤将兵居前。任光乃多作檄文曰："大司马刘公将城头子路、力子都兵百万众从东方来，击诸反虏！"遣骑驰至巨鹿界中。吏民得檄，传相告语。秀投暮入堂阳界，多张骑火，弥满泽中，堂阳即降；又击贳县，降之。城头子路者，东平爰曾也，寇掠河、济间，有众二十馀万，力子都有众六七万，故秀欲依之。昌城人刘植聚兵数千人据昌城，迎秀，秀以植为骁骑将军。耿纯率宗族宾客二千馀人，老病者皆载木自随，迎秀于育，拜纯为前将军。进攻下曲阳，降之。众稍合，至数万人，复北击中山。耿纯恐宗家怀异心，乃使从弟䜣宿归，烧庐舍以绝其反顾之望。

秀进拔卢奴，所过发奔命兵，移檄边郡共击邯郸，郡县还复响应。时真定王杨起兵附王郎，众十馀万，秀遣刘植说杨，杨乃降。秀因留真定，纳杨甥郭氏为夫人以结之。进击元氏、防子，皆下之。至鄗，击斩王郎将李恽，至柏人，复破郎将李育。育还保城；攻之，不下。

【译文】

刘秀因信都、和戎两郡的兵力过弱，想要去投奔城头子路、力子都的部队，任光认为不可。于是便下令征集邻县的丁壮，得到精锐部队四千人，任光为左大将军，信都都尉李忠为右大将军，邳彤为后大将军兼和戎太守，信都令万修为偏将军，都封列侯。刘秀任命南阳人宗广暂任信都太守，让任光、李忠、万修跟随自己向王郎反击，邳彤带兵充当前锋。任光便大量编写声讨文告说：“大司马刘秀率领城头子路、力子都的大军百万，从东方来，讨伐叛逆！”命骑兵到巨鹿郡内散发谣言。当官民看到文告后，相互传播。刘秀到晚上到达堂阳县界，命令众多骑兵打起火把，水畔一片亮光，堂阳县令错误地以为大军压境，于是马上投降。刘秀又攻击贳县，贳县也投降了。城头子路原本是东平郡人爰曾，在黄河、济水地区抢劫掳掠，有部众二十余万人，力子都拥有部众六七万人，因此刘秀曾想到过前往投靠。昌城人刘植集合了士兵数千人，占据了昌城，迎接刘秀。刘秀任命刘植为骁骑将军。耿纯率领宗族宾客两千余人，年老患病的也都随身带着棺木，在育县迎接刘秀。刘秀任命耿纯为前将军。进攻下曲阳，下曲阳投降。刘秀的部队渐渐汇合，达数万人。再向北进攻中山。耿纯害怕宗族的人会有二心，于是派他的堂弟耿䜣回到家乡，烧掉了所有房舍，以此断绝他们的反顾之心。

刘秀继续向前进攻，攻陷了卢奴。在所经过的郡县，征发紧急部队，向沿边的郡县发布了文告，号召他们共同攻击邯郸，各郡县纷纷给予响应。在此时，真定王刘杨起兵投靠了王郎，部众有十余万人。刘秀派刘植去说服刘杨，刘杨于是投降了。刘秀便进入了真定，娶刘杨的外甥女郭氏为夫人，以此来团结刘杨。接着继续前进，攻击元氏县、防子县，都攻下了。到达鄗县，击杀了王郎的将军李恽。进抵柏人，又击败王郎的将军李育。李育撤退，坚守柏人城。刘秀进攻，没有攻下。

【原文】

或说大司马秀以守柏人不如定钜鹿，秀乃引兵东北拔广阿。秀披舆地图，指示邓禹曰："天下郡国如是，今始乃得其一。子前言以吾虑天下不足定，何也?"禹曰："方今海内殽乱，人思明君，犹赤子之慕慈母。古之兴者在德薄厚，不以大小也。"

蓟中之乱，耿弇与刘秀相失，北走昌平，就其父况，因说况击邯郸。时王郎遣将徇渔阳、上谷，急发其兵，北州疑惑，多欲从之。上谷功曹寇恂、门下掾闵业说况曰："邯郸拔起，难可信向。大司马，刘伯升母弟，尊贤下士，可以归之。"况曰："邯郸方盛，力不能独拒，如何?"对曰："今上谷完实，控弦万骑，可以详择去就。恂请东约渔阳，齐心合众，邯郸不足图也!"况然之，遣恂东约彭宠，欲各发突骑二千匹、步兵千人诣大司马秀。

安乐令吴汉、护军盖延、狐奴令王梁亦劝宠从秀，宠以为然，而官属皆欲附王郎，宠不能夺。汉出止外亭，遇一儒

生，召而食之，问以所闻。生言："大司马刘公，所过为郡县所称，邯郸举尊号者，实非刘氏。"汉大喜，即诈为秀书，移檄渔阳，使生赍以诣宠，令具以所闻说之。会寇恂至，宠乃发步骑三千人，以吴汉行长史，与盖延、王梁将之，南攻蓟，杀王郎大将赵闳。

【译文】

有人向大司马刘秀提出建议，与其利用柏人来当基地，不如用钜鹿。于是刘秀率领军队向东北进发，攻陷了广阿。刘秀翻阅地图，指给邓禹看，说："天下的郡国有这么多，到现在我仅仅得到其中的一个而已。你从前认为我忧虑天下不能平定是多余的，为什么呢？"邓禹回答说："如今天下大乱，人民都想得到一个英明的君王，就犹如初生的婴儿思慕慈母。古代兴起的帝王，只在于他品德的厚薄，不在他地盘的大小。"

蓟中之乱的时候，耿弇和刘秀失散了，向北逃往昌平，回到他父亲耿况那里，顺便借着机会劝说耿况攻击邯郸。在此时，王郎派出的将领，正在渔阳、上谷夺取土地，并且紧急征调那里的部队，北方沿边郡县很是疑惑，可是大多数都打算服从。上谷郡功曹寇恂、门下掾闵业向耿况建议说："邯郸仓促崛起，前途难以猜测。而大司马刘秀，是刘縯的亲弟弟，是个礼贤下士的人，我们可以归附于他。"耿况说：

“邯郸的势力正处于兴盛时期，我们的力量不可以单独抵抗，应该怎么办呢?”寇恂说：“如今上谷郡完好充实，拥有精锐骑兵一万人，可以认真选择一下自己的前途。我希望前往东方的渔阳，和彭宠约定，同心合力，如此一来也就不用把邯郸放在心上了。”耿况同意了，派寇恂东行去见彭宠，相互约定，打算每郡发动骑兵突击队两千人、步兵一千人，到大司马刘秀那里去支援他。

安乐令吴汉、护军盖延、狐奴令王梁也劝彭宠归附刘秀，彭宠同意了。但是，郡府的下属官员都希望归附王郎，彭宠无法定夺。吴汉到城外巡查，在一个行人停留宿食的地方遇到了一位儒生，请他前来一块儿进餐，问一问他听到的消息。儒生说：“大司马刘秀得到了他经过的郡县官民的称赞，而在邯郸发动尊贵称号的人，事实上并不是刘氏的子弟。”吴汉十分高兴，马上伪造了一份刘秀致渔阳郡的文告，让那儒生拿着它去送给彭宠，让他把他所听到的消息告诉彭宠。正在这时，寇恂到达，彭宠于是派出步骑兵三千人，命吴汉代理长史，与盖延、王梁一起率领部队，南下进攻蓟县，杀死了王郎大将赵闳。

【原文】

寇恂还，遂与上谷长史景丹及耿弇将兵俱南，与渔阳军合，所过击斩王郎大将、九卿、校尉以下，凡斩首三万级，定涿郡、中山、钜鹿、清河、河间凡二十二县。前及广阿，闻城中车骑甚众，丹等勒兵问曰："此何兵？"曰："大司马刘公也。"诸将喜，即进至城下。城下初传言二郡兵为邯郸来，众皆恐。刘秀自登西城楼勒兵问之。耿弇拜于城下，即召入，具言发兵状。秀乃悉召景丹等入，笑曰："邯郸将帅数言我发渔阳、上谷兵，吾聊应言'我亦发之'，何意二郡良为吾来！方与士大夫共此功名耳。"乃以景丹、寇恂、耿弇、盖延、吴汉、王梁皆为偏将军，使还领其兵，加耿况、彭宠大将军；封况、宠、丹、延皆为列侯。

吴汉为人，质厚少文，造次不能以辞自达，然沈厚有智略，邓禹数荐之于秀，秀渐亲重之。

【译文】

寇恂返回上谷，于是与上谷长史景丹以及耿弇率领军队一起南下，和渔阳的部队会合，所经过的地方，斩杀王郎任命的大将、九卿、校尉及以下官兵共计三万人，夺取涿郡、中山、巨鹿、清河、河间等二十二县。前锋到达了广阿，听闻城里兵马非常多，景丹等停下军队打听道："这是谁的军队？"回答说："是大司马刘秀的。"将领们非常喜悦，马上来到城下。广阿城下开始时谣传上谷、渔阳二郡的军队是王郎派来的，大家都很害怕。刘秀亲自登上西城楼询问城下军队的意图。耿弇在城下拜见。刘秀立刻请他进城，耿弇详述

了两郡发兵的经过。刘秀于是把景丹等将领全部请到了城中，笑着对他们说：“邯郸将领多次说：‘我们已征发了渔阳、上谷部队。’我还应付着说：‘我也征发了渔阳、上谷部队。’但始终难以想到两郡真的为我而来了！我正要和各位官员一起建立功名。”于是任命景丹、寇恂、耿弇、盖延、吴汉、王梁都当偏将军，让他们回去各自统领自己的部队。擢升耿况、彭宠为大将军，封耿况、彭宠、景丹、盖延四人为列侯。

吴汉为人朴实而忠厚，不善于表达，一遇到紧急情况，常常不能正确地表达自己的意思。然而他沉着而有谋略，邓禹屡次向刘秀推荐他，刘秀逐渐与他亲近并器重他。

【原文】

更始遣尚书令谢躬率六将军讨王郎，不能下。秀至，与之合军，东围钜鹿，月馀未下。王郎遣将攻信都，大姓马宠等开城内之。更始遣兵攻破信都，秀使李忠还，行太守事。王郎遣将倪宏、刘奉率数万人救钜鹿，秀逆战于南䜌，不利。景丹等纵突骑击之，宏等大败。秀曰：“吾闻突骑天下精兵，今见其战，乐可言邪?”

耿纯言于秀曰：“久守钜鹿，士众疲弊，不如及大兵精锐，进攻邯郸。若王郎已诛，钜鹿不战自服矣。”秀从之。夏，四月，留将军邓满守钜鹿。进军邯郸，连战，破之。郎乃使其谏大夫杜威请降。威雅称郎实成帝遗体，秀曰："设使成帝复生，天下不可得，况诈子舆者乎！"威请求万户侯，秀曰："顾得全身可矣！"威怒而去。秀急攻之，二十馀日。五月，甲辰，郎少傅李立开门内汉兵，遂拔邯郸。郎夜亡走，王霸追斩之。秀收郎文书，得吏民与郎交关谤毁者数千章。秀不省，会诸将军烧之，曰："令反侧子自安！"

秀部分吏卒各隶诸军，士皆言愿属大树将军。大树将军者，偏将军冯异也，为人谦退不伐，敕吏士非交战受敌，常行诸营之后。每所止舍，诸将并坐论功，异常独屏树下，故军中号曰："大树将军"。

【译文】

刘玄派尚书令谢躬率六位将军讨伐王郎，都没有进展。刘秀率领军队到达，两军相合，向东围攻巨鹿，一个月多未能攻下。王郎派将领进攻信都，城中大姓马宠等打开城门来迎接。刘玄派兵攻破了信都，刘秀让李忠返回信都，代理太守一职。王郎派遣将领倪宏、刘奉率数万人救巨鹿，刘秀在南繺迎战，不太顺利。景丹等人发起骑兵突击部队进行攻击，倪宏等大败。刘秀说："我听说骑兵突击部队是天下的精兵，今天看见了它的战斗力，真是高兴得不能用语言来表达了。"

耿纯向刘秀建议说："我们长时间围守巨鹿，官兵一定

很疲惫。我们不如用精锐部队进攻邯郸。若王郎被诛杀，巨鹿不用战斗自己就会降服。”刘秀采纳了他的建议。四月的夏季，刘秀留下将军邓满继续围困巨鹿。自己率领大军向邯郸挺进，连续战斗，打败了敌人。王郎就派谏大夫杜威请求投降。杜威一再强调王郎的确是汉成帝刘骜的嫡亲骨肉，刘秀说：“如果汉成帝复活的话，同样也不能得到天下，更何况他的冒牌儿子呢！”杜威请求封王郎万户侯，刘秀说：“饶他不死已经算可以了。”杜威愤怒离去。于是刘秀发动猛烈攻击，历时二十余日。五月甲辰（初一），王郎的少傅李立打开城门让汉兵进入，因此邯郸陷落。王郎乘着夜色逃走了，但被王霸追上杀死了，就地斩首。刘秀检验了王郎的文书，发现有官吏与平民的奏章数千个，奏章上除了向王郎表示效忠以外，还有谤毁刘秀的内容。刘秀并不加以察看，他集结全体的将领，用火烧毁了奏章，说：“让反复无常的人安心吧。”

刘秀把新投降的官兵分配给各位将领，大家都说愿意归属大树将军。大树将军是指偏将军冯异。冯异为人谦逊退让，从不夸耀自己的才能、功劳，他命令他的部队，若不是跟敌人交战或遭受敌人的攻击，一般要排在别的部队的后面。每到达一个地方停留，当将领们都坐在一起共同谈论功劳时，冯异经常独自躲到大树下面，因此军中称他为“大树将军”。

【原文】

萧王居邯郸宫，昼卧温明殿，耿弇入，造床下请间，因说曰："吏士死伤者多，请归上谷益兵。"萧王曰："王郎已破，河北略平，复用兵何为?"弇曰："王郎虽破，天下兵革乃始耳。今使者从西方来，欲罢兵，不可听也。铜马、赤眉之属数十辈，辈数十百万人，所向无前，圣公不能办也，败必不久。"萧王起坐曰："卿失言，我斩卿!"弇曰："大王哀厚弇如父子，故敢披赤心。"萧王曰："我戏卿耳，何以言之?"弇曰："百姓患苦王莽，复思刘氏，闻汉兵起，莫不欢喜，如去虎口得归慈母。今更始为天子，而诸将擅命于山东，贵戚纵横于都内，虏掠自恣，元元叩心，更思莽朝，是以知其必败也。公功名已著，以义征伐，天下可传檄而定也。天下至重，公可自取，毋令他姓得之。"萧王乃辞以河北未平，不就征，始贰于更始。

【译文】

刘秀住进邯郸赵王宫，他白天在温明殿睡觉时，耿弇闯进来，来到他的床前要求单独谈话，并借着机会说："官兵死伤的太多了，请批准我回上谷补充兵员。"刘秀说："王郎已经被消灭，黄河以北的平定也有了进展，还要兵干什么呢?"耿弇说："王郎虽然已被打败，天下的争夺战争才刚刚开始。如今，有使节从西方来，要求我们停止一切军事行动，断然不能听从他的话。铜马、赤眉一类的部队有数十支，每一支都有数十万人，甚至一百万人，所到达的地方没有可以匹敌的。刘玄已没有任何能力应付了，不久后就会溃败。”刘秀便从床上坐了起来说：“你说了你不应该说的话，我要杀了你!”耿弇说：“大王对我的怜爱厚待就像父子一般，所以我愿赤诚相待。”刘秀说：“我只是在同你开玩笑罢了，你为何要这样说呢?”耿弇说：“全国的百姓已被王莽害得很苦了，从而再一次思念刘氏，当他们听说汉兵崛起时，没有一个不兴奋的，就像一个逃脱虎口的孩子回到慈母那里一般。如今，刘玄当上了皇帝，将领们在崤山以东不受节制，皇亲国戚在长安胡作非为，随意抢劫掠夺，百姓捶打胸口，反而又开始思念王莽新朝。因此，我知道刘玄一定会失败。您的丰功英名已传播到了海内，为了正义进行征伐，天下就可以靠传递文告而平定了。天下最重要的是政权，您就应该自己去取得，不要让不是刘姓皇族的人得到它!”刘秀便以河北还未平定为推辞的理由，没有接受征召，开始与刘玄离异。

【原文】

是时，诸贼铜马、大彤、高湖、重连、铁胫、大枪、尤来、上江、青犊、五校、五幡、五楼、富平、获索等各领部曲，众合数百万人，所在寇掠。萧王欲击之，乃拜吴汉、耿弇俱为大将军，持节北发幽州十郡突骑。苗曾闻之，阴敕诸郡不得应调。吴汉将二十骑先驰至无终，曾出迎于路，汉即收曾，斩之。耿弇到上谷，亦收韦顺、蔡充，斩之。北州震骇，于是悉发其兵。

秋，萧王击铜马于鄡，吴汉将突骑来会清阳，士马甚盛，汉悉上兵簿于莫府，请所付与，不敢自私，王益重之。王以偏将军沛国朱浮为大将军、幽州牧，使治蓟城。铜马食尽，夜遁，萧王追击于馆陶，大破之。受降未尽，而高湖、重连从东南来，与铜马余众合。萧王复与大战于蒲阳，悉破降之，封其渠帅为列侯。诸将未能信贼，降者亦不自安。王知其意，敕令降者各归营勒兵，自乘轻骑按行部陈。降者更相语曰："萧王推赤心置人腹中，安得不投死乎！"由是皆服。悉以降人分配诸将，众遂数十万。赤眉别帅与青犊、上江、大彤、铁胫、五幡十余万众在射犬，萧王引兵进击，大破之。南徇河内，河内太守韩歆降。

【译文】

在那时，各路的盗贼如铜马、大彤、高湖、重连、铁胫、大枪、尤来、上江、青犊、五校、五幡、五楼、富平、获索等，分别率领部队，总数有数百万人，在当地抢夺掳掠。刘秀想要攻打他们，于是任命吴汉、耿弇都为大将军，持节征调幽州所属十郡的骑兵突击部队。幽州牧苗曾听到这个消息，暗暗吩咐各郡不要服从征调。吴汉率领的二十余名骑兵先行驰马到达了幽州无终县。苗曾出了城后，在路上迎接了吴汉，吴汉立即将其抓获，并将他斩杀。耿弇到上谷，抓获了韦顺、蔡充，把他们斩杀了。北方州郡十分震惊，于是全都发兵听候调遣。

秋季，刘秀在鄡县攻击铜马。吴汉率领骑兵突击部队赶到清阳与刘秀会合，兵强马壮。吴汉把全军的官兵名册报告给幕府，然后请拨付粮饷，不敢存有私心，刘秀对他越来越器重。刘秀任命偏将军沛人朱浮当了大将军，兼幽州牧，把州府设在蓟城。铜马军粮食吃完了，乘夜逃跑，刘秀追到了馆陶，打败铜马军。刘秀接受投降还没有结束，高湖、重连从东南来，与未投降的铜马军残部汇合起来。刘秀在蒲阳再一次与铜马军等大战，铜马军等都战败投降。刘秀把他们的统帅赐封为列侯。刘秀的将领们都不敢相信降将们的诚意，降将们内心也不能够安心。刘秀明白了他们的想法，令降将们各自回到他们的军营整顿好所有的部队，自己则轻装骑马，巡视部署。降将们相互说道："萧王对我们可是推心置腹，我们怎么可以不为他效命呢！"于是大家都心悦诚服。刘秀把投降的部队都分配给各个将领，部队因此达到了数十万人。赤眉的一位分支部队的首领与青犊、上江、大彤、铁胫、五幡约有十余万人，在射犬集合，刘秀率领军队攻击，

大获全胜。于是向南夺取河内，河内太守韩歆投降。

【原文】

初，谢躬与萧王共灭王郎，数与萧王违戾，常欲袭萧王，畏其兵强而止。虽俱在邯郸，遂分城而处，然萧王有以慰安之。躬勤于吏职，萧王常称之曰："谢尚书，真吏也!"故不自疑。其妻知之，常戒之曰："君与刘公积不相能，而信其虚谈，终受制矣。"躬不纳。既而躬率其兵数万还屯于邺。及萧王南击青犊，使躬邀击尤来于隆虑山，躬兵大败。萧王因躬在外，使吴汉与刺奸大将军岑彭袭据邺城。躬不知，轻骑还邺，汉等收斩之，其众悉降。

更始遣柱功侯李宝、益州刺史张忠将兵万馀人徇蜀、汉。公孙述遣其弟恢击宝、忠于绵竹，大破走之。述遂自立为蜀王，都成都，民、夷皆附之。

【译文】

最开始，谢躬与刘秀一起消灭王郎，但谢躬与刘秀屡次产生冲突而对立，谢躬常想袭击刘秀，却又因为害怕刘秀兵力过于强大而不敢行动。两支部队虽然都在邯郸，却分城而处，然而刘秀还时不时地对谢躬慰问安抚。谢躬对于行政工作十分勤奋，刘秀常常称赞他："谢尚书才是真正的好官吏!"谢躬因为这样而不再自行猜疑。他的妻子知道了这件事，经常告诫他："你与刘秀有积怨，互相都势不两立，但是你相信他那套虚言，最终你会受到挟制的。"谢躬不接受这话。之后，谢躬率领他的数万部队返回，屯驻邺城。等到刘秀南击青犊，使谢躬在隆虑山截击尤来，谢躬的军队却大败。于是刘秀利用谢躬领兵在外的机会，让吴汉与刺奸大将军岑彭袭击占据了邺城。谢躬不知道邺城的变化，仍率领轻装骑兵返回邺城，吴汉等把谢躬抓住并斩首，他的部队全部投降。

刘玄命柱功侯李宝、益州刺史李忠率领军队万余人，夺取蜀郡、汉中郡。公孙述派他的弟弟公孙恢在绵竹迎击李宝、李忠，大败敌军，李宝、李忠于是逃跑。公孙述因此自立为蜀王，建都成都。当地百姓和夷族全都归附于他。

【原文】

赤眉樊崇等将兵入颍川，分其众为二部，崇与逄安为一部，徐宣、谢禄、杨音为一部。赤眉虽数战胜，而疲敝厌兵，皆日夜愁泣，思欲东归。崇等计议，虑众东向必散，不如西攻长安。于是崇、安自武关，宣等从陆浑关，两道俱入。更始使王匡、成丹与抗威将军刘均等分据河东、弘农以拒之。

萧王将北徇燕、赵，度赤眉必破长安，又欲乘衅并关中，而未知所寄。乃拜邓禹为前将军，中分麾下精兵二万人，遣西入关，令自选偏裨以下可与俱者。时朱鲔、李轶、田立、陈侨将兵号三十万，与河南太守武勃共守洛阳；鲍永、田邑在并州。萧王以河内险要富实，欲择诸将守河内者而难其人，问于邓禹。邓禹曰："寇恂文武备足，有牧民御众之才，非此子莫可使也！"乃拜恂河内太守，行大将军事。萧王谓恂曰："昔高祖留萧何关中，吾今委公以河内。当给足军粮，率厉士马，防遏它兵，勿令北度而已！"拜冯异为孟津将军，统魏郡、河内兵于河上，以拒洛阳。萧王亲送邓禹至野王，禹既西，萧王乃复引兵而北。寇恂调糇粮、治器械以供军。军虽远征，未尝乏绝。

隗崔、隗义谋叛归天水。隗嚣恐并及祸，乃告之。更始诛崔、义，以嚣为御史大夫。

【译文】

赤眉首领樊崇等率领军队进入颍川，把他的部众分为两部分：樊崇、逢安率领一部分，徐宣、谢禄、杨音率领另一部分。赤眉军虽然不断打胜仗，但都筋疲力尽，对战争感到厌倦，日夜哭泣，想着回到东方。樊崇等商议，担心部众回到东方一定会一哄而散，还不如向西进攻长安。于是，樊崇、逢安从武关，徐宣等从陆浑关，分两路一同向长安进军。刘玄命王匡、成丹和抗威将军刘均等人分别驻防河东、弘农郡，堵截赤眉军。

刘秀想要向北夺取燕、赵，估计赤眉军一定会攻破长安，所以又准备利用更始朝与赤眉军互相争斗的机会吞并关中，但不知道该把任务交给谁好。于是任命邓禹为前将军，分出麾下精兵两万人，派他西入函谷关，并让他自己选择可以同行的偏将、裨将及以下幕僚。这时，更始朝将领朱鲔、李轶、田立、陈侨率领军队号称三十万，与河南郡太守武勃一起守卫洛阳，另外两位将领鲍永、田邑驻军并州。刘秀因河内郡的地势非常险要，物产很丰富，打算在将领中选择一位守河内的人，却很难得到，于是询问邓禹。邓禹说："寇恂文武全才，有统御众人的能力，除了他就没有别人合适了。"刘秀就任命寇恂为河内郡太守，并代理大将军职务。他对寇恂说："以前，高祖曾把关中交给萧何，现在我把河内交给你。你应该保证军粮供应，训练兵马，阻挡其他军队，不允许他们北渡黄河。"又任命冯异为孟津将军，在黄河之畔统辖魏郡、河内郡的军队，以抵御洛阳方面的进攻。刘秀亲自送邓禹到野王。邓禹向西出发之后，刘秀这才率领军队北上。寇恂征集粮食，制造武器，用来供应军需。大军虽然远征，物资却从来没有匮乏。

隗崔、隗义密谋背叛更始政权，返回天水。隗嚣害怕事情败露自己被牵连，于是向朝廷检举。刘玄诛杀了隗崔、隗义，任命隗嚣为御史大夫。

董宣强项（卷四十三◎汉纪三十五）

【原文】

汉光武帝建武十九年

帝以太子舅阴识守执金吾，阴兴为卫尉，皆辅导太子。识性忠厚，入虽极言正议，及与宾客语，未尝及国事。帝敬重之，常指识以敕戒贵戚，激厉左右焉。兴虽礼贤好施，而门无游侠，与同郡张宗、上谷鲜于裒不相好，知其有用，犹称所长而达之；友人张汜、杜禽，与兴厚善，以为华而少实，但私之以财，终不为言。是以世称其忠。

上以沛国桓荣为议郎，使授太子经。车驾幸太学，会诸博士论难于前，荣辨明经义，每以礼让相厌，不以辞长胜人，儒者莫之及，特加赏赐。又诏诸生雅歌击磬，尽日乃罢。帝使左中郎将汝南钟兴授皇太子及宗室诸侯《春秋》，赐兴爵关内侯。兴辞以无功，帝曰：“生教训太子及诸王侯，

非大功邪?”兴曰:“臣师少府丁恭。”于是复封恭，而兴遂固辞不受。

【译文】

汉光武帝建武十九年（癸卯，公元43年）

刘秀任命皇太子刘庄的舅父阴识代理执金吾，任命另一位舅父阴兴为卫尉，一起辅助太子。阴识天性忠厚，在朝廷中虽然直言正谏，可等到和宾客们一起说话时，从来都不涉及国事。刘秀尊重他，时常指着他告诫皇亲贵戚，勉励左右仿效。阴兴虽然礼贤下士，乐于助人，可宾客中没有豪杰侠客。他和同郡人张宗、上谷人鲜于裒关系不怎么好，可知道他们对国家有用，仍然称赞其长处，推荐他们做官。友人张汜、杜禽与阴兴交往至深，阴兴认为他们华而不实，往往在财物上帮助他们，始终都不替他们说话。因此世人称赞他对国家的忠诚。

刘秀任命沛国人桓荣当议郎，命他教授太子儒家经典。刘秀亲自到太学，召集众博士在他面前讨论问题，提出疑问。桓荣辨析和阐述经典的精义，每每以礼让的态度使人折服，不以言辞锋利压倒对方，其他儒家学者都不如他，刘秀对他特加赏赐。刘秀又命学生们一面击磬，一面唱儒家的雅歌，唱了一整天才结束。刘秀让左中郎将汝南人钟兴教授皇太子和宗室王侯读《春秋》，封钟兴为关内侯。钟兴以自己没有功劳而推辞。刘秀说："你教授训导太子和宗室王侯，这不是大功劳吗？"钟兴说："我是从师于少府丁恭。"刘秀于是又封丁恭为关内侯。可钟兴坚决推辞，并没有接受。

【原文】

陈留董宣为雒阳令。湖阳公主苍头[①]白日杀人，因匿主家，吏不能得。及主出行，以奴骖乘。宣于夏门亭候之，驻车叩马，以刀画地，大言数主之失，叱奴下车，因格杀之。主即还宫诉帝，帝大怒，召宣，欲棰杀之。宣叩头曰："愿乞一言而死。"帝曰："欲何言？"宣曰："陛下圣德中兴，而纵奴杀人，将何以治天下乎？臣不须棰，请得自杀！"即以头击楹[②]，流血被面。帝令小黄门持之，使宣叩头谢主，宣不从。强使顿之，宣两手据地，终不肯俯。主曰："文叔为白衣时，藏亡匿死，吏不敢至门，今为天子，威不能行一令乎？"帝笑曰："天子不与白衣同。"因敕："强项令出。"赐钱三十万，宣悉以班诸吏。由是能搏击豪强，京师莫不震慄。

【注释】

①苍头：奴仆。

②楹：房屋的柱子，特指前屋的柱子。

【译文】

陈留董宣担任洛阳县令。刘秀的姐姐湖阳公主的奴仆，白天杀人后躲在公主家里，官吏不能抓捕他。有一次公主在奴仆陪同下乘车出门，董宣在夏门亭等候，让车停下，上前扣住了马缰绳，用刀指着地，大声数落公主的过失，怒喝那奴仆下车，然后就杀死了他。公主立刻回宫告诉了刘秀。刘秀非常生气，召董宣前来，要用刑杖把他打死。董宣叩头说："我请求说一句话，然后再去死。"刘秀说："你想说什么？"董宣说："陛下圣明，复兴汉室，却放纵奴仆杀人，该怎样治理天下呢？我不等着被打死，请让我自杀吧！"然后头撞大柱，流了一脸血。刘秀命太监拉住他，让董宣叩头向公主道歉，董宣不肯这样做，就叫人用力按他的脑袋。董宣两手撑着地面，死也不肯低头。公主对刘秀说："在你当平民老百姓的时候，窝藏逃犯，官吏不敢上门来找，现在当了皇帝，威权就不能用在一个县令的身上吗？"刘秀笑着说："天子跟平民不一样！"然后命令："硬脖子县令出去吧！"刘秀赏给董宣三十万钱，董宣全都分给了手下官吏。从此以后，由于他能够打击豪强，京城里没有一人不感到震惊叹服。

外戚干政（卷四十八◎汉纪四十）

【原文】

孝和皇帝下永元四年

窦氏父子兄弟并为卿、校，充满朝廷，穰侯邓叠、叠弟步兵校尉磊及母元、宪女婿射声校尉郭举、举父长乐少府璜共相交结。元、举并出入禁中，举得幸太后，遂共图为杀害，帝阴知其谋。是时，宪兄弟专权，帝与内外臣僚莫由亲接，所与居者阉宦而已。帝以朝臣上下莫不附宪，独中常侍钩盾令郑众，谨敏有心几，不事豪党，遂与众定议诛宪。以宪在外，虑其为乱，忍而未发。会宪与邓叠皆还京师。时清河王庆，恩遇尤渥，常入省宿止。帝将发其谋，欲得《外戚传》，惧左右，不敢使，令庆私从千乘王求，夜，独内之；又令庆传语郑众，求索故事。庚申，帝幸北宫，诏执金吾、五校尉勒兵屯卫南、北宫，闭城门，收捕郭璜、郭举、邓叠、邓磊，皆下狱死。遣谒者仆射收宪大将军印绶，更封为冠军侯，与笃、景、瑰皆就国。帝以太后故，不欲名诛宪，为选严能相督察之。宪、笃、景到国，皆迫令自杀。

【译文】

汉和帝永元四年（壬辰，公元92年）

窦氏父子兄弟同为九卿、校尉，遍布朝廷。穰侯邓叠，他的弟弟、步兵校尉邓磊，母亲元，窦宪的女婿、射声校尉郭举，郭举的父亲、长乐少府郭璜等人，互相勾结。其中元、郭举都出入宫廷，郭举得到窦太后的宠爱，他们便共同策划杀害和帝。和帝暗中了解到他们的阴谋。那时，窦宪兄弟掌握着大权，和帝与内外臣僚没办法接近，一同相处的只有宦官而已。和帝认为朝中大小官员无不依附窦宪，唯独中常侍、钩盾令郑众谨慎机敏而有心计，不谄事窦氏集团，便与他密谋，决定除掉窦宪。由于窦宪出征在外，怕他兴兵作乱，所以暂且未敢发兵。就在此刻，窦宪和邓叠全部回到了京城。当时清河王刘庆特别受到和帝的恩惠，常常进入宫廷留下住宿。和帝拟实施他的计划，想得到《汉书·外戚传》一阅。可他害怕左右随从之人，不敢让他们去找，便命刘庆私下向千乘王刘伉借阅。晚上，和帝将刘庆单独接入室内。又命刘庆向郑众传话，让他查找皇帝诛杀舅父的先例。六月庚申（二十三日），和帝临幸北宫，下诏命令执金

吾和北军五校尉领兵备战，驻守南宫和北宫，关闭城门，抓捕郭璜、郭举、邓叠、邓磊，将他们全部送往监狱处斩。并派谒者仆射收回窦宪的大将军印信绶带，将他封为冠军侯，同窦笃、窦景、窦瑰一同前往各自的封国。和帝因窦太后的原因，不想正式处斩窦宪，而是选派严苛干练的封国宰相对他进行监督。窦宪、窦笃、窦景到达封国之后，全都被逼迫自刎。

班超归汉（卷四十八◎汉纪四十）

【原文】

孝和皇帝下永元十四年

班超久在绝域，年老思土，上书乞归曰："臣不敢望到酒泉郡，但愿生入玉门关。谨遣子勇随安息献物入塞，及臣生在，令勇目见中土。"朝廷久之未报，超妹曹大家上书曰："蛮夷之性，悖逆侮老，而超旦暮入地，久不见代，恐开奸宄之源，生逆乱之心。而卿大夫咸怀一切，莫肯远虑，如有卒暴，超之气力不能从心，便为上损国家累世之功，下弃忠臣竭力之用，诚可痛也！故超万里归诚，自陈苦急，延颈逾望，三年于今，未蒙省录。妾窃闻古者十五受兵，六十还之，亦有休息，不任职也。故妾敢触死为超求哀，匄超馀年，一得生还，复见阙庭，使国家无劳远之虑，西域无仓卒之忧，超得长蒙文王葬骨之恩，子方哀老之惠。"帝感其言，乃征超还。八月，超至洛阳，拜为射声校尉；九月，卒。

【译文】

汉和帝永元十四年（壬寅，公元102年）

班超久在很远的边域，因年老而想念故乡，上书请求回国。奏书说："我不敢奢望能到酒泉郡，但愿能活着进入玉门关。现在派我的儿子班勇随同安息国进贡的使者入塞，趁我现在还有一口气，让班勇亲眼看到中原的风土。"奏书呈上，朝廷一直没给答复。班超的妹妹曹大家（班昭）上书说："蛮夷生性欺老，而班超年纪已老，随时可能会离开人间，他长久不被人代替，我害怕这将打开奸恶的源泉，使蛮夷萌生叛逆之心。然而大臣们只顾眼前，不作长远打算。万一猝然有变，班超力不从心，对上将会损害国家累世建立的功业，对下将会毁弃忠臣竭力经营的成果，实在是令人惋惜！所以，班超万里之外表示忠诚，陈述困苦急迫之情，伸长脖颈遥望，至今已有三年多了，可朝廷却没能批准他的请求。臣妾曾听说，在古代，十五岁当兵，六十岁复员，也有休息假期，年老便不再为官。因此我胆敢冒死代班超哀求，请在班超的有生之年，让他能活着回来，再次看到京城城阙和皇家宫殿，使国家没有远方的忧虑，西域没有猝然的变故，而班超也能蒙受周文王埋葬骸骨的厚恩和田子方哀怜老马的仁慈。"和帝被班昭的奏书所感动，于是召班超回国。

当年八月，班超抵达洛阳，被任命为射声校尉。九月，班超去世。

【原文】

超之被征，以戊己校尉任尚代为都护。尚谓超曰：“君侯在外国三十馀年，而小人猥承君后，任重虑浅，宜有以诲之！”超曰：“年老失智。君数当大位，岂班超所能及哉！必不得已，愿进愚言：塞外吏士，本非孝子顺孙，皆以罪过徙补边屯，而蛮夷怀鸟兽之心，难养易败。今君性严急，水清无大鱼，察政不得下和，宜荡佚简易，宽小过，总大纲而已。”超去，尚私谓所亲曰：“我以班君当有奇策，今所言，平平耳。”尚后竟失边和，如超所言。

【译文】

班超被召，戊己校尉任尚受命担任西域都护。任尚对班超说：“您在外国三十多年，而由我接代您的职务，责任重大，可我的见识短浅，希望您能予以指教！”班超说：“我年纪已大，智力渐退，而您多次担任高官，难道是我班超比得上的吗！一定要我提建议，我就想贡献一些愚浅的意见。塞外的官吏士兵，本来就不是孝子贤孙，都因为犯过罪，而被流放到塞外，守边屯戍。而西域各国心如鸟兽一样，难于扶植，很容易叛离。现今您性情严厉急切，清水无大鱼，明察之政不得人心，应当采取无所拘束、简单易行的政策，宽恕他们小的罪过，只注重大的原则而已。”班超走后，任尚私底下对亲信说：“我以为班超会有奇策，可他今天所说的这番话，很平常罢了。”后来任尚还是断送了西域的和平局面，正如班超的预言。

党锢之乱

（卷五十五～五十七◎汉纪四十七～四十九）

【原文】

孝桓皇帝中延熹八年

中常侍侯览兄参为益州刺史，残暴贪婪，累臧亿计。太尉杨秉奏槛车征参，参于道自杀，阅其车重三百馀两，皆金银锦帛。秉因奏曰："臣案旧典，宦者本在给使省闼，司昏守夜，而今猥受过宠，执政操权，附会者因公褒举，违忤者求事中伤，居法王公，富拟国家，饮食极肴膳，仆妾盈纨素。中常侍侯览弟参，贪残元恶，自取祸灭。览顾知衅重，必有自疑之意，臣愚以为不宜复见亲近。昔懿公刑邴歜之父，夺阎职之妻，而使二人参乘，卒有竹中之难。览宜急屏斥，投畀有虎，若斯之人，非恩所宥，请免官送归本郡。"书奏，尚书召对秉掾属，诘之曰："设官分职，各有司存。

三公统外，御史察内，今越奏近官，经典、汉制，何所依据？其开公具对！”秉使对曰：“《春秋传》曰：‘除君之恶，唯力是视。’邓通懈慢，申屠嘉召通诘责，文帝从而请之。汉世故事，三公之职，无所不统。”尚书不能诘，帝不得已，竟免览官。司隶校尉韩缜因奏左悺罪恶，及其兄太仆南乡侯称请托州郡，聚敛为奸，宾客放纵，侵犯吏民。悺、称皆自杀。缜又奏中常侍具瑗兄沛相恭臧罪，征诣廷尉。瑗诣狱谢，上还东武侯印绶，诏贬为都乡侯。超及璜、衡袭封者，并降为乡侯，子弟分封者，悉夺爵土。刘普等贬为关内侯，尹勋等亦皆夺爵。

【译文】

汉桓帝延熹八年（乙巳，公元165年）

中常侍侯览的弟弟侯参身为益州刺史，无法无天，残暴贪婪，赃款累计达一亿多。太尉杨秉进行弹劾，朝廷用囚车把侯参押解回京，侯参在路途中自刎。搜查出他载物资的三百多辆车，装的全部是金银和锦帛。所以，杨秉又上书弹劾说：“我查考朝廷旧有的典章制度，宦官本来只限于在皇宫内听候差遣，负责早晚看守门户，而今却大多备受过分的恩宠，掌握朝廷大权。凡是依附宦官的人，宦官就趁着朝廷征用大量人才时推荐他们去当官，但凡是违背和冒犯宦官的人，宦官便随便找一个借口对他们进行陷害。宦官的居处效

法王公，他们拥有的财物几乎能和帝王相比较了，饮食极尽佳肴珍膳，奴仆侍妾都穿精致洁白的细绢。中常侍侯览的弟弟侯参，是贪赃残暴的首恶，自取灾祸和灭亡。侯览深知自己罪恶深重，一定会自感害怕不安，我愚昧地认为，不应该把侯览再放在陛下左右。以前，齐懿公给邴歜的父亲用刑，又掠夺阎职的妻子，却使他们二人陪同乘车，最终发生在竹林中的灾难。所以，侯览应赶快斥退，投到豺狼虎豹群中。像这一类人，不能施行恩德宽恕罪行，请免除侯览的官职，送回本郡。”奏章呈上以后，尚书招来杨秉的属吏，责问说：“朝廷设立官职，各有各的职责范围。三公对外管理政务，御史对内监察官吏。如今，三公超越职责范围，弹劾皇宫内的宦官，无论是经书典籍，还是汉朝制度，有什么依据？请公开作具体回答。”杨秉的属吏回答说：“《春秋左传》上说：‘为君王排奸去恶，要使出全身的力量。’邓通懈怠轻慢，申屠嘉召邓通进行责问，汉文帝因而为邓通说情。汉朝的传统制度是，三公的职责，没有一件事情不能过问。”尚书无法反驳。桓帝被迫无奈，最终将侯览免职。司隶校尉韩缜乘机弹劾左悺的罪恶，以及左悺的哥哥、南乡侯左称向州郡官府请托，搜刮财货，作奸犯科，宾客放纵，侵犯官吏和百姓的罪过。左悺、左称都自刎了。韩缜又弹劾中常侍具瑗的哥哥、沛国相具恭贪赃枉法。桓帝下令将具恭征召回京都洛阳，送到廷尉狱治罪。于是，具瑗也主动到廷尉狱认罪，并且上交东武侯印信。桓帝下诏将具瑗贬封为都乡侯。单超及徐璜、唐衡的封爵继承人都被贬为乡侯，子弟得到分封的，全部都取消封爵和食邑。刘普等被贬为关内侯，尹勋等也都被取消封爵。

【原文】

五月丙戌，太尉杨秉薨。秉为人清白寡欲，尝称“我有三不惑：酒、色、财也。”

郎中窦武，融之玄孙也，有女为贵人。采女田圣有宠于帝，帝将立之为后。司隶校尉应奉上书曰：“母后之重，兴废所因；汉立飞燕，胤祀泯绝。宜思《关雎》之所求，远五禁之所忌。”太尉陈蕃亦以田氏卑微，窦族良家，争之甚固。帝不得已，辛巳，立窦贵人为皇后，拜武为特进、城门校尉，封槐里侯。

【译文】

五月丙戌（二十二日），太尉杨秉去世。杨秉为人廉洁清白，欲望很少，曾经自称“我有三不惑：美酒、女色、金钱。”

郎中窦武是窦融的玄孙，他的女儿是桓帝的贵人。采女田圣受到桓帝的宠幸，桓帝想立田圣为皇后。司隶校尉应奉上书说：“皇后的位置十分重要，关系着国家的兴衰。汉朝曾立赵飞燕为皇后，使后嗣断绝。陛下选立皇后，应该想到《关雎》诗篇中淑女以配君子的模范，而疏远五种禁忌（母亲早逝家庭的长女、世有恶疾、世有刑人、乱家之女、逆家之女）。”太尉陈蕃也认为田圣出身卑微，而窦姓家族却是良家，因此竭力争辩。桓帝迫不得已，于辛巳（二十日），封窦贵人为皇后，擢升窦武为特进、城门校尉，封为槐里侯。

【原文】

陈蕃数言李膺、冯绲、刘祐之枉，请加原宥，升之爵任，言及反覆，诚辞恳切，以至流涕。帝不听。应奉上疏曰：“夫忠贤武将，国之心膂。窃见左校弛刑徒冯绲、刘祐、李膺等，诛举邪臣，肆之以法。陛下既不听察，而猥受谮诉，遂令忠臣同愆元恶，自春迄冬，不蒙降恕，遐迩观听，为之叹息。夫立政之要，记功忘失，是以武帝舍安国于徒中，宣帝征张敞于亡命。绲前讨蛮荆，均吉甫之功；祐数临督司，有不吐茹之节；膺著威幽、并，遗爱度辽。今三垂蠢动，王旅未振，乞原膺等，以备不虞。”书奏，乃悉免其刑。久之，李膺复拜司隶校尉。时小黄门张让弟朔为野王令，贪残无道，畏膺威严，逃还京师，匿于兄家合柱中。膺知其状，率吏卒破柱取朔，付雒阳狱，受辞毕，即杀之。让诉冤于帝，帝召膺，诘以不先请便加诛之意。对曰：“昔仲尼为鲁司寇，七日而诛少正卯。今臣到官已积一旬，私惧以稽留为愆，不意获速疾之罪。诚自知衅责，死不旋踵，特乞留五日，克殄元恶，退就鼎镬，始生之愿也。”帝无复言，顾谓让曰：“此汝弟之罪，司隶何愆!”乃遣出。自此诸黄门、常侍皆鞠躬屏气，休沐不敢出宫省。帝怪问其故，并叩头泣曰：“畏李校尉。”时朝廷日乱，纲纪颓弛，而膺独持风裁，以声名自高，士有被其容接者，名为登龙门云。

【译文】

太尉陈蕃好几次向桓帝陈述李膺、冯绲、刘祐所遭受的冤枉，请求原谅，恢复官位。他再三地请求，言辞恳切，甚至都泪流满面，可桓帝就是不同意。应奉上书说：“忠臣良将是国家的心腹和脊梁。我认为，冯绲、刘祐、李膺等人诛杀和弹劾奸臣，完全符合国家法令。陛下既不听取他们的讲述，调查了事情的真相后，却相信别人的诬告，结果使忠臣良将和大奸大恶一起治罪，从春季到冬季，仍旧不能蒙受宽容。远近的人们看到和听到后，没有一人不为之叹息。处理政事的关键在于：要记住臣下的功劳，而忘记他们的过失。所以，汉武帝从囚徒中选拔韩安国，宣帝从逃亡犯中征召张敞。冯绲从前讨伐荆州的叛蛮，曾有和尹吉甫同等的功劳；刘祐好几次主持司法，有不畏惧强暴和不欺侮柔弱的气节；李膺的声威震动幽州、并州，在北疆留下仁爱之名。如今，三面

的边陲都有战争，而朝廷的军队又都没有班师回京，请求陛下宽赦李膺等人，以备发生意想不到的变故。”奏章呈上，桓帝这才下令免除对三人的全部刑罚。过了一段时间，李膺被重新任命为司隶校尉。当时小黄门张让的弟弟张朔担任野王县的县令，贪污残暴，欺压百姓，没有德政，因为畏惧李膺的严厉，便逃回京都洛阳，藏在他哥哥张让家的合柱中。李膺知道这个情况后，率领吏卒破开合柱，将张朔逮捕，交付洛阳监狱，听完供词，立即处决。张让向桓帝诉冤，桓帝召见李膺，责问他为什么不先上书批准就加以诛杀。李膺回答说：“从前孔子担任鲁国的大司寇，七天便把少正卯处斩，而今我到职已经十天，恐怕因拖延时间被怪罪，竟想不到会因行动太快而有罪。我知道自己罪责严重，很快就会死去，特地向陛下请求，让我再在职位上停留五天，一定拿获元凶归案，然后再受烹刑，这才是我的心愿。”桓帝没有说话，回过头对张让说：“这都是你弟弟的罪，司隶校尉有何过失?”于是，命令李膺退出。从此以后，所有的黄门、中常侍，都谨慎恭敬，都不敢大声说话，甚至连节假日都不敢出宫。桓帝感觉很奇怪，问他们是怎么一回事。大家一齐叩头哭泣说：“我们害怕司隶校尉李膺。”当时，朝廷的政治，一天比一天衰落，法度崩溃破坏，然而，只有李膺仍然维护朝纲，执法裁夺，所以声望一天比一天高，凡是读书的士人，能够被他容纳或接见的，都称之为“登龙门”。

【原文】

孝桓皇帝下永康元年

陈蕃既免，朝臣震栗，莫敢复为党人言者。贾彪曰：“吾不西行，大祸不解。”乃入雒阳，说城门校尉窦武、尚书魏郡霍谞等，使讼之。武上疏曰：“陛下即位以来，未闻善政，常侍、黄门，竞行谲诈，妄爵非人。伏寻西京，佞臣执政，终丧天下。今不虑前事之失，复循覆车之轨。臣恐二世之难，必将复及，赵高之变，不朝则夕。近者奸臣牢修造设党议，遂收前司隶校尉李膺等逮考，连及数百人。旷年拘录，事无效验。臣惟膺等忠心抗节，志经王室，此诚陛下稷、卨伊、吕之佐，而虚为奸臣贼子之所诬枉，天下寒心，海内失望。惟陛下留神澄省，时见理出，以厌神鬼喁喁之心。今台阁近臣，尚书朱寓、荀绲、刘祐、魏朗、刘矩、尹勋等，皆国之贞士，朝之良佐；尚书郎张陵、妫皓、苑康、杨乔、边韶、戴恢等，文质彬彬，明达国典，内外之职，群才并列。而陛下委任近习，专树饕餮，外典州郡，内干心膂，宜以次贬黜，案罪纠罚，信任忠良，平决臧否，使邪正毁誉，各得其所，宝爱天官，唯善是授，如此，咎征可消，天应可待。间者有嘉禾、芝草、黄龙之见。夫瑞生必于嘉士，福至实由善人，在德为瑞，无德为灾。陛下所行不合天

意，不宜称庆。”

【译文】

汉桓帝永康元年（丁未，公元167年）

陈蕃被免职了以后，朝廷文武大臣十分地震动恐惧，再没有人敢向朝廷替党人求情了。贾彪说道：“我如果不西去京都洛阳一趟，大祸就不能解除了。”于是，他便亲自来到洛阳，说服城门校尉窦武、尚书魏郡人霍谞等人，使他们出面营救党人。窦武上书说道：“自陛下即位以来，并没有听说施行过善政，常侍、黄门却奸诈百出，竞相谋取封爵。回溯西京长安时代，阿谀奉承的官员掌握着朝廷大权，最终失掉了天下。如今不但没有忧虑失败的往事，反而又走到使车辆翻覆的轨道上去了。我恐怕秦朝二世胡亥覆亡的灾难，一定会再次降临，赵高一类的变乱，也是早晚会发生的事。最近，因奸臣牢修捏造出朋党之议，就逮捕前司隶校尉李膺等人入狱，进行严行拷问，牵连到了数百人之多，经年囚禁，事情并没有确凿的证据。我认为，李膺等人秉持忠心，坚持节操，志在筹划治理王室大事，他们都真正是陛下的后稷、契、伊尹、吕尚一类的辅佐大臣，却被加上虚构的罪名，遭受到奸臣贼子的冤枉陷害，以致天下人寒心，海内失望。只有请陛下留心澄清考察，立即给予释放，以满足天地鬼神翘首盼望的心愿。如今，尚书台的亲近大臣，如尚书朱定禹、

荀绲、刘祐、魏朗、刘矩、尹勋等人，都是国家的忠贞之士，朝廷的贤良辅佐。尚书郎张陵、妫皓、苑康、杨乔、边韶、戴恢等人，举止优雅，通晓国家的典章制度，朝廷内外的文武官员，英才并列。然而，陛下却偏偏听信左右亲近之人，依靠这些奸佞邪恶，让他们在外主管州郡，在内作为心腹。应该把这批奸佞邪恶之徒陆续加以废黜，调查和审问他们的罪状，进行惩罚。信任忠臣，分辨是非善恶，使邪恶和正直、诽谤和荣誉各有所归。遵照上天的旨意，将官位传授给善良的人们。如果真的是这样做，天降灾异的征兆便可以解除，上天的祥瑞便指日可待了。近来，虽偶尔也有嘉禾、灵芝草、黄龙等出现，但是，祥瑞产生于恩德。有恩德，它就是吉祥；没有恩德，它就是祸害。如今陛下的行为不符合天意，所以不应该庆贺。”

【原文】

书奏，因以病上还城门校尉、槐里侯印绶。霍谞亦为表请。帝意稍解，使中常侍王甫就狱讯党人范滂等，皆三木囊头，暴于阶下，甫以次辩诘曰：“卿等更相拔举，迭为唇齿，其意如何？”滂曰：“仲尼之言：‘见善如不及，见恶如探汤。’滂欲使善善同其清，恶恶同其污，谓王政之所愿闻，不悟更以为党。古之修善，自求多福。今之修善，身陷大戮。身死之日，愿埋滂于首阳山侧，上不负皇天，下不愧夷、齐。”甫愍然为之改容，乃得并解桎梏。李膺等又多引宦官子弟，宦官惧，请帝以天时宜赦。六月，庚申，赦天下，改元，党人二百余人皆归田里，书名三府，禁锢终身。

范滂往候霍谞而不谢。或让之，滂曰：“昔叔向不见祁奚，吾何谢焉！”滂南归汝南，南阳士大夫迎之者，车数千两，乡人殷陶、黄穆侍卫于旁，应对宾客。滂谓陶等曰：“今子相随，是重吾祸也！”遂遁还乡里。

【译文】

奏章呈上以后，窦武便称病辞职，并交还城门校尉、槐里侯的印信。霍谞也上书营救党人。桓帝的怒气稍稍地化解，派中常侍王甫前往监狱审问范滂等党人。范滂等人颈戴木枷，手腕戴铁铐，脚挂铁镣，布袋蒙住头脸，暴露在台阶的下面。王甫逐一诘问道：“你们互相推荐，像嘴唇和牙齿一样地结为一党，到底是有什么企图呢？”范滂回答他说：“孔丘有言：‘看见善，立刻学习还来不及。看见恶，就好像把手伸到沸水里面，应该马上制止。’我希望奖励善良使大家同样清廉，嫉恨恶人使大家都明白其卑污的所在。本以为朝廷会鼓励我们这样做，从没有想到这是结党。古代人修德积善，可以为自己谋取多福。如今修德积善，却身陷死罪。我死了以后，但愿将我的尸首埋葬在首阳山之侧，上不辜负皇天，下不愧对伯夷、叔齐。”王甫深为范滂的言辞所

感动，可怜他们的无辜遭遇，于是命有关官吏解除他们身上的刑具。而李膺等人在口供里，又牵连出许多宦官子弟，宦官们也深恐事态继续扩大，于是请求桓帝，用发生日食作为借口，将他们赦免。六月庚申（初八），桓帝下诏大赦天下，改年号，党人共二百多人，都遣送到各人的故乡；将他们的姓名编写成册，分送太尉、司徒、司空三府，终身不许再做官。

范滂前往拜访霍谞，却不肯道谢。有人责备他，范滂回答说："过去，叔向不见祁奚，我何必多此一谢呢！"范滂南归汝南郡时，南阳的士绅乘车来迎接他的有数千辆之多。他的同乡殷陶、黄穆站在他身边侍卫，为他应接对答宾客。范滂对殷陶等人说道："如今你们跟随着我，是加重我的灾祸！"于是，他便悄悄地回了故乡。

【原文】

初，诏书下举钩党，郡国所奏相连及者，多至百数，唯平原相史弼独无所上。诏书前后迫切州郡，髡笞掾史。从事坐传舍责曰："诏书疾恶党人，旨意恳恻。青州六郡，其五有党，平原何治而得独无？"弼曰："先王疆理天下，画界分境，水土异齐，风俗不同。它郡自有，平原自无，胡可相比！若承望上司，诬陷良善，淫刑滥罚，以逞非理，则平原之人，户可为党。相有死而已，所不能也！"从事大怒，即收郡僚职送狱，遂举奏弼。会党禁中解，弼以俸赎罪。所脱者甚众。

窦武所荐：朱寓，沛人；苑康，渤海人；杨乔，会稽人；边韶，陈留人。乔容仪伟丽，数上言政事，帝爱其才貌，欲妻以公主，乔固辞，不听，遂闭口不食，七日而死。

【译文】

起初，下诏搜捕党人，各郡、各封国奏报检举，牵连所及，多得不计其数，只有平原国宰相史弼一个党人也没有奏报。诏书前后多次下达，严厉催促州郡官府限期奏报，掾史等属吏甚至受到髡刑和鞭刑。青州从事坐在平原国的传舍，质问史弼说道："诏书对党人痛恨入骨，皇帝的旨意这样的诚恳痛切。青州共有六个郡国，其中五个郡国都有党人，平原国为何治理得独无党人呢？"史弼回答说道："先王治理天下，划分州郡国县境界，水土有不相同，风俗有着差异。其他郡国有的，平原国正好没有，怎么能够与之相比呢！如果仰望上司长官的旨意，诬陷善良无辜的人，甚至依靠严刑酷罚，使无理的举动得逞，则平原国的人民，家家户户都是党人。我这个封国国相，只有一死罢了，绝不能做出这样的事情来。"从事勃然大怒，立即逮捕史弼的所有属吏，送往监狱囚禁，然后弹劾史弼。恰好遇上桓帝下令解除党禁，史弼用薪俸赎罪，所救脱的人很多。

窦武所推荐的人有：朱寓，沛国人；苑康，渤海郡人；杨乔，会稽郡人；边韶，陈留郡人。杨乔容貌和仪表壮美，多次上书奏陈朝廷政事，桓帝喜欢他的才华和容貌，打算把公主嫁给他结为夫妻，杨乔坚决推辞。桓帝不许，杨乔终日不食，七日便死去了。

【原文】

孝灵皇帝上熹平五年

闰月，永昌太守曹鸾上书曰："夫党人者，或耆年渊德，或衣冠英贤，皆宜股肱王室，左右大猷者也，而久被禁锢，辱在涂泥。谋反大逆尚蒙赦宥，党人何罪，独不开恕乎！所以灾异屡见，水旱荐臻，皆由于斯。宜加沛然，以副天心。"帝省奏，大怒，即诏司隶、益州槛车收鸾，送槐里狱，掠杀之。于是诏州郡更考党人门生、故吏、父子、兄弟在位者，悉免官禁锢，爰及五属。

【译文】

汉灵帝熹平五年（丙辰，公元176年）

闰五月，永昌郡太守曹鸾上书说道："所谓的党人，有的是年高德劭，有的是士大夫中的英俊贤才，都应该辅佐皇室，在陛下左右参与朝廷的重大决策。然而竟被一直禁锢，不许做官，甚至被放逐到偏僻的地带，受到羞辱。犯了谋反大逆的重罪，尚且能蒙陛下赦免，党人又有什么罪过，独独不能受到宽恕呢？灾异之所以经常出现，水灾和旱灾接踵而来，都是因为这样。陛下应该赐下恩典，以符合上天的心意。”灵帝看完奏章，勃然大怒，立即下诏，命司隶和益州官府巡捕曹鸾，用囚车押到京都洛阳监禁，严刑拷打而死。于是灵帝又下诏各州、各郡官府，重新调查党人的学生门徒、旧时的部属、父亲、儿子、兄弟，凡是当官的，全都被免去官职，加以禁锢，不许再做官。这种处分，扩大到包括党人同一家族中五服之内的亲属。

张角起义（卷五十八◎汉纪五十）

【原文】

孝灵皇帝中光和六年

初，钜鹿张角奉事黄、老，以妖术教授，号“太平道”。咒符水以疗病，令病者跪拜首过，或时病愈，众共神而信之。角分遣弟子周行四方，转相诳诱，十馀年间，徒众数十万，自青、徐、幽、冀、荆、扬、兖、豫八州之人，莫不毕应。或弃卖财产，流移奔赴，填塞道路，未至病死者亦以万数。郡县不解其意，反言角以善道教化，为民所归。

【译文】

汉灵帝光和六年（癸亥，公元183年）

起初，钜鹿人张角信奉黄帝、老子，以法术和咒语等传授门徒，号称“太平道”。他用念过咒语的符水治病，先让病人下跪，说出自己所犯下的错误，然后让他喝下符水。有些病人竟然因此痊愈了，于是，人们将他奉如神明。张角派他的弟子走遍了四方，不断诳骗引诱，十多年的时间，信徒多达数十万，青州、徐州、幽州、冀州、荆州、扬州、兖州和豫州等八州之人，无不响应。有的信徒卖掉了自己的家产，前往投奔张角，这些人塞满了道路，还没有到达而死在途中的也数以万计。郡、县的官员不了解张角的真实想法，反而说张角以善道教化百姓，因而为百姓所拥护。

【原文】

角遂置三十六方。方，犹将军也，大方万馀人，小方六七千，各立渠帅。讹言：“苍天已死，黄天当立，岁在甲子，天下大吉。”以白土书京城寺门及州郡官府，皆作“甲子”字。大方马元义等先收荆、扬数万人，期会发于邺。元义数往来京师，以中常侍封谞、徐奉等为内应，约以三月五日内外俱起。

【译文】

张角设置三十六个方。方，好比一个将军，大方统率一万多人，小方统率六七千人，各立首领。他宣称：“苍天已死，黄天当立，岁在甲子，天下大吉。”并用白土在京城洛阳各官署及各州、郡官府的大门上都写上“甲子”二字。计划由大方马元义等先集结荆州、扬州的党徒数万人，按期会合，在邺城起事。马元义多次前往京城洛阳，以中常侍封谞、徐奉等人为内应，约定于第二年的三月五日，京城内外同时起事。

汉室气衰（卷五十九◎汉纪五十一）

【原文】

孝灵皇帝下中平五年

太常江夏刘焉见王室多故，建议以为："四方兵寇，由刺史威轻，既不能禁，且用非其人，以致离叛。宜改置牧伯，选清名重臣以居其任。"焉内欲求交趾牧。侍中广汉董扶私谓焉曰："京师将乱，益州分野有天子气。"焉乃更求益州。会益州刺史郤俭赋敛烦扰，谣言远闻，而耿鄙、张懿皆为盗所杀，朝廷遂从焉议，选列卿、尚书为州牧，各以本秩居任。以焉为益州牧，太仆黄琬为豫州牧，宗正东海刘虞为幽州牧。州任之重，自此而始。焉，鲁恭王之后；虞，东海恭王之五世孙也。虞尝为幽州刺史，民夷怀其恩信，故用之。董扶及太仓令赵韪皆弃官，随焉入蜀。

故太傅陈蕃子逸与术士襄楷会于冀州刺史王芬坐，楷

曰："天文不利宦者，黄门、常侍真族灭矣。"逸喜。芬曰："若然者，芬愿驱除！"因与豪杰转相招合，上书言黑山贼攻劫郡县，欲因以起兵。会帝欲北巡河间旧宅，芬等谋以兵徼劫，诛诸常侍、黄门，因废帝，立合肥侯，以其谋告议郎曹操。操曰："夫废立之事，天下之至不祥也。古人有权成败、计轻重而行之者，伊、霍是也。伊、霍皆怀至忠之诚，据宰辅之势，因秉政之重，同众人之欲，故能计从事立。今诸君徒见曩者之易，未睹当今之难，而造作非常，欲望必克，不亦危乎！"芬又呼平原华歆、陶丘洪共定计。洪欲行，歆止之曰："夫废立大事，伊、霍之所难。芬生疏而不武，此必无成。"洪乃止。会北方夜半有赤气，东西竟天，太史上言："北方有阴谋，不宜北行。"帝乃止。敕芬罢兵，俄而征之。芬惧，解印绶亡走，至平原，自杀。

【译文】

汉灵帝中平五年（戊辰，公元188年）

太常江夏人刘焉看到汉朝王室多难，向灵帝建议道："各地到处发生叛乱，是因为刺史权小威轻，既不能禁制，又用人不当，所以导致百姓叛离朝廷。应该改置州牧，选用有清廉名声的重臣来担任。"刘焉内心里想担任交趾牧，但侍中、广汉人董扶私下里对刘焉说道："京城洛阳将会发生大乱，根据天象，益州地区将出现新的皇帝。"于是，刘焉改变了主意，要求去益州。恰好益州刺史郤俭横征暴敛，广泛流传着有关他的暴政的民谣；再加上耿鄙、张懿都被盗贼杀死，朝廷就采纳了刘焉的意见，选用列卿、尚书为州牧，各自以本来的官秩出任。任命刘焉为益州牧，太仆黄琬为豫州牧，宗正东海人刘虞为幽州牧。各州长官权力的增重因此而开始。刘焉是鲁恭王刘余的后代，刘虞是东海恭王刘强的五世孙。刘虞曾担任过幽州刺史，百姓与夷人都十分怀念他的恩德与信誉，因此朝廷有这一任命。董扶与太仓令赵韪都辞去官职，随同刘焉到益州去。

已故太傅陈蕃的儿子陈逸与术士襄楷在冀州刺史王芬处会面，襄楷说道："从天象来看，不利于宦官，那些黄门、常侍们真的要灭族了。"陈逸对这件事十分高兴。王芬说道："如果确实是这样，我愿意充当先锋。"他们就与各地的豪杰相互联系着，上书说黑山地区的盗贼攻打抢劫他属下的郡县，想以此为借口起兵。恰巧灵帝想到北方来巡视他在河间的旧居，王芬等人计划用武力来劫持灵帝，杀死那些常侍、黄门，然后废黜灵帝，另立合肥侯为皇帝。王芬等人把这个计划告诉议郎曹操。曹操说道："废立皇帝是天下最不吉利的事情。在古代，有的人衡量轻重、计算成败然后施行，伊尹和霍光便是这样。这两个人都满怀忠诚，以宰相的地位，凭借执政大权，加上同众人的愿望一致，所以能实现计划，成就大事。现在，各位只看到他们当初的轻而易举，而

没有看到现在的困难。用这种非常的手段，想要达到目的，难道不觉得有危险吗？”王芬又邀请平原人华歆、陶丘洪来共同策划。陶丘洪准备动身，华歆进行劝阻，说道：“废立皇帝的大事，伊尹、霍光都感到十分地困难。何况王芬疏阔而又缺乏威武气魄，这次举动一定会失败。”陶丘洪便停止了行动。正在这个时候，北方天空在半夜的时候有一道赤气，从东到西，横贯天际，负责观测天象的太史上书说道：“北方地区有阴谋，陛下不适合到北方去。”灵帝才肯罢休，命令王芬解散已集结的士兵。过了一段时间后，征召王芬到洛阳去。王芬特别害怕，就解下印绶逃亡，跑到平原自杀了。

【原文】

望气者以为京师当有大兵，两宫流血。帝欲厌之，乃大发四方兵，讲武于平乐观下，起大坛，上建十二重华盖，盖高十丈。坛东北为小坛，复建九重华盖，高九丈。列步骑数万人，结营为陈。甲子，帝亲出临军，驻大华盖下，大将军进驻小华盖下。帝躬擐甲、介马，称“无上将军”，行陈三匝而还，以兵授进。帝问讨虏校尉盖勋曰：“吾讲武如是，何如?”对曰：“臣闻先王曜德不观兵。今寇在远而设近陈，不足以昭果毅，只黩武耳!”帝曰：“善！恨见君晚，群臣初无是言也。”勋谓袁绍曰：“上甚聪明，但蔽于左右耳。”

与绍谋共诛嬖幸，蹇硕惧，出勋为京兆尹。

董卓谓皇甫嵩曰：“陈仓危急，请速救之。”嵩曰：“不然。百战百胜，不如不战而屈人兵。陈仓虽小，城守固备，未易可拔。王国虽强，攻陈仓不下，其众必疲，疲而击之，全胜之道也，将何救焉！”国攻陈仓八十馀日，不拔。

【译文】

观察云气预言吉凶的法术家认为，京城洛阳将有兵灾，南北两宫会发生流血事件。灵帝想通过法术来制止，于是大批征调各地的军队，在平乐观下举行阅兵仪式。修筑一个大坛，上面立起十二层的华盖，高十丈，在大坛的东北修筑了一个小坛，又立起九层华盖，高九丈。步骑兵数万人列队，设营布阵。甲子（十六日），灵帝亲自出来阅兵，站在大华盖之下，大将军何进站在小伞盖之下。灵帝亲自披戴甲胄，骑上有护甲的战马，自称“无上将军”，绕军阵巡视三圈后便返了回来，将武器授予何进。灵帝问讨虏校尉盖勋：“我这样检阅大军，你觉得怎样呢？”盖勋回答道：“我听说从前圣明的君王显示恩德，不炫耀武力。现在，贼寇都在远地，陛下却在京城阅兵，不足以表示消灭敌人的决心，只表现为黩武而已罢了。”灵帝说道：“你的看法很对，可惜我见到你太迟了，群臣当时没有讲过此话。”盖勋对袁绍说道：“皇帝特别聪明，只是被奸人给蒙蔽住了。”他与袁绍密谋一起诛杀宦官。蹇硕感到十分恐惧，便将盖勋调离京城，派到长安去担任京兆尹。

董卓对皇甫嵩说道："陈仓形势十分危急，请赶快救援。"皇甫嵩说道："不然。百战百胜，不如不战而胜。陈仓虽然矮小，但城垣坚固，守卫森严，很难攻破。王国兵力虽强，但攻不下陈仓，部众必然疲乏，我们乘他们疲乏，发动攻击，这是获得彻底胜利的策略，还用得着什么援救呢！"王国围攻陈仓八十多天，也没能攻破。

三国鼎立

四方伐卓（卷六十◎汉纪五十二）

【原文】

孝献皇帝乙初平二年

关东诸将议：以朝廷幼冲，逼于董卓，远隔关塞，不知存否，幽州牧刘虞，宗室贤俊，欲共立为主。曹操口：“吾等所以举兵而远近莫不响应者，以义动故也。今幼主微弱，制于奸臣，非有昌邑亡国之衅，而一旦改易，天下其孰安之！诸君北面，我自西向。”韩馥、袁绍以书与袁术曰：“帝非孝灵子，欲依绛、灌诛废少主、迎立代王故事，奉大司马虞为帝。”术阴有不臣之心，不利国家有长君，乃外托公义以拒之。绍复与术书曰：“今西名有幼君，无血脉之属，公卿以下皆媚事卓，安可复信！但当使兵往屯关要，皆自蹙死。东立圣君，太平可冀，如何有疑！又室家见戮，不念子胥，可复北面乎？”术答曰：“圣主聪睿，有周成之质。贼卓因危乱之际，威服百寮，此乃汉家小厄之会，乃云今上‘无血脉之属’，岂不诬乎！又曰‘室家见戮，可复北面’，此卓所为，岂国家哉！慺慺赤心，志在灭卓，不识其他！”

【译文】

汉献帝初平二年（辛未，公元191年）

关东各州、郡起兵讨伐董卓的将领们商议，认为献帝年龄尚小，被董卓所控制，又远在长安，关塞相隔，还不知道生死，幽州牧刘虞是宗室中比较贤明的人，准备拥立他为皇帝。曹操说道：“我们这些人之所以起兵，而且远近之人无不响应，是由于我们的行动是正义的。现在皇帝幼弱，为奸臣所控制，但没有昌邑王刘贺那样的可以导致亡国的过失，一旦你们改立别人，天下谁能接受呢！你们向北边迎立刘虞，我自尊奉西边的皇帝。”韩馥、袁绍写信给袁术说道：“皇帝不是灵帝的儿子，我们准备依照周勃和灌婴废黜少主、迎立代王的先例，尊奉大司马刘虞为皇帝。”袁术暗中怀有当皇帝的野心，认为国家有一个年长的皇帝对自己不利，于是表面上假托君臣大义，拒绝了韩馥和袁绍的意见。袁绍再一次给袁术写信，说道：“现在西边名义上有一个年幼的皇帝，但和先帝并没有任何的血缘关系。公卿等朝臣都谄媚董卓，又怎么会相信他们呢！只要派兵去守住关口要塞，自会把他们全部都困死。我们在东边拥立一个圣明的

皇帝，就可期望过上安定的日子，为什么迟疑不决呢？再说，咱们全家被杀，你不想想伍子胥是怎样为父兄报仇的，难道可以再向这样的皇帝称臣吗？”袁术回信说道：“皇帝聪明睿智，有周成王姬诵那样的资质。贼臣董卓乘国家危乱之时，用暴力压服群臣，这是汉朝的一个小小厄运，你竟说陛下‘和先帝没有血缘关系’，这岂不是诬蔑吗！你还说‘全家被杀，难道可以再向这样的皇帝称臣’，这事是董卓做的，难道是陛下的错吗？我满腔赤诚，志在消灭董卓，不知道别的事情！”

官渡之战（卷六十三◎汉经五十五）

【原文】

汉献帝建安五年

春，正月，董承谋泄；壬子，曹操杀承及王服、种辑，皆夷三族。

操欲自讨刘备，诸将皆曰："与公争天下者，袁绍也。今绍方来而弃之东，绍乘人后，若何？"操曰："刘备，人杰也，今不击，必为后患。"郭嘉曰："绍性迟而多疑，来必不速。备新起，众心未附，急击之，必败。"操师遂东。冀州别驾田丰说袁绍曰："曹操与刘备连兵，未可卒解。公举军而袭其后，可一往而定。"绍辞以子疾，未得行。丰举杖击地曰："嗟乎！遭难遇之时，而以婴儿病失其会，惜哉，事去矣！"

曹操击刘备，破之，获其妻子；进拔下邳，禽关羽；又击昌豨，破之。备奔青州，因袁谭以归袁绍。绍闻备至，去邺二百里迎之；驻月馀，所亡士卒稍稍归之。

【译文】

汉献帝建安五年（庚辰，公元200年）

春季，正月，董承的密谋败露。壬子（二月初十日），曹操杀死董承和王服、种辑，并将他们的三族全部处死了。

曹操打算亲自出马讨伐刘备，将领们都说道："和您争夺天下的是袁绍。现在袁绍大军压境，而您却向东讨伐刘备，如果袁绍在背后进行攻击，怎么办呢?"曹操说道："刘备是人中豪杰，现在不进攻他，必定引为后患。"郭嘉说道："袁绍性情迟钝，而且多疑，即使来进攻，也必定不会很快。刘备刚刚创立基业，人心还未平和，赶快进攻，一定能打败刘备。"曹操便挥师东征刘备。冀州别驾田丰劝袁绍说道："曹操与刘备交战，不会立即分出胜负。将军率军袭击他的后方，可以一举成功。"袁绍因儿子患病而推辞，迟迟没有出兵。田丰举杖击地说道："唉！遇到这种难得的机会，却因为儿子的病而放弃了，可惜啊，大事已完!"

曹操进攻刘备，把刘备给打败了，俘虏了他的妻子家小。曹操接着攻克下邳，捉住关羽，又攻破昌豨。刘备逃奔青州，通过袁谭投奔袁绍。袁绍听说刘备的到来，出邺城二

百里，亲自迎接刘备。刘备在邺城住了一个多月，被打散的士兵逐渐回到刘备的身旁。

【原文】

曹操还军官渡，绍乃议攻许，田丰曰："曹操既破刘备，则许下非复空虚。且操善用兵，变化无方，众虽少，未可轻也，今不如以久持之。将军据山河之固，拥四州之众，外结英雄，内修农战，然后简其精锐，分为奇兵，乘虚迭出以扰河南，救右则击其左，救左则击其右，使敌疲于奔命，民不得安业，我未劳而彼已困，不及三年，可坐克也。今释庙胜之策而决成败于一战，若不如志，悔无及也。"绍不从。丰强谏忤绍，绍以为沮众，械系之。于是移檄州郡，数操罪恶。二月，进军黎阳。

沮授临行，会其宗族，散资财以与之曰："势存则威无不加，势亡则不保一身，哀哉！"其弟宗曰："曹操士马不敌，君何惧焉？"授曰："以曹操之明略，又挟天子以为资，我虽克伯珪，众实疲敝，而主骄将忲，军之破败，在此举矣。扬雄有言：'六国蚩蚩，为嬴弱姬。'其今之谓乎！"

【译文】

曹操率军回到官渡，袁绍才开始计议攻打许都。田丰说道："曹操既然打败了刘备，则许都已不再空虚。而且曹操善于用兵，变化无穷，兵马虽然很少，却不可以轻视。现在不如按兵不动，与他相持。将军据守山川险固，拥有四州的民众，对外结交英雄，对内抓紧农耕，加强战备。然后，挑选精锐之士，分出来组成奇兵，频繁攻打薄弱之处，扰乱黄河以南。敌军救右，我军则击其左；救左，则击其右，使得敌军疲于奔命，百姓无法安心生产，我们没有劳苦，而敌军已陷入了困境，不到三年，就可坐等胜利。现在放弃必胜的谋略，而要以一战来决定成败，万一不能遂愿，便后悔莫及了。”袁绍没有采纳。田丰竭力规劝，冒犯了袁绍，袁绍认为田丰扰乱了军心，给他戴上刑具，把他给关押了起来。于是，袁绍用公文通告各州、郡，宣布曹操的罪状。二月，袁绍进军黎阳。

沮授在出军前，召集宗族，把自己的家产分给了族人，说：“有势则权威无所不加，失势则连自己的性命也保不住，实在是太可悲！”他弟弟沮宗说道：“曹操的兵马不如我军，您为什么害怕呢?”沮授说：“凭曹操的智慧与谋略，又挟持天子作为资本，我们虽然打败了公孙瓒，但士兵实际上已经很疲惫，加上主上骄傲，将领奢侈，全军覆没与否就在这一仗了。扬雄曾经说过：‘六国纷纷扰扰，只不过是为秦取代周而效劳。’这说的是现在啊!”

【原文】

振威将军程昱以七百兵守鄄城。曹操欲益昱兵二千，昱不肯，曰："袁绍拥十万众，自以所向无前，今见昱少兵，必轻易，不来攻。若益昱兵，过则不可不攻，攻之必克，徒两损其势，愿公无疑。"绍闻昱兵少，果不往，操谓贾诩曰："程昱之胆，过于贲、育矣！"

【译文】

振威将军程昱率七百人守卫鄄城。曹操准备给他增加两千名士兵，程昱不肯，说道："袁绍拥兵十万，自以为所向无敌，看到我兵力薄弱，一定是看不起，不会来攻打。如给我增兵，则袁绍大军经过就不会不进攻，进攻必然攻克，那就白白损失您和我两处的实力，请您不要担心。"袁绍听说程昱兵少，果然没有攻打。曹操对贾诩说道："程昱的胆量，超过古代勇士孟贲和夏育了！"

【原文】

袁绍遣其将颜良攻东郡太守刘延于白马。沮授曰："良性促狭，虽骁勇，不可独任。"绍不听。夏，四月，曹操北救刘延。荀攸曰："今兵少不敌，必分其势乃可。公到延津，若将渡兵向其后者，绍必西应之，然后轻兵袭白马，掩其不备，颜良可擒也。”操从之，绍闻兵渡，即分兵西邀之。操乃引军兼行趣白马，未至十馀里，良大惊，来逆战。操使张辽、关羽先登击之。羽望见良麾盖，策马刺良于万众之中，斩其首而还，绍军莫能当者。遂解白马之围，徙其民，循河而西。

绍渡河追之，沮授谏曰：“胜负变化，不可不详。今宜留屯延津，分兵官渡，若其克获，还迎不晚，设其有难，众弗可还。”绍弗从。授临济叹曰：“上盈其志，下务其功，悠悠黄河，吾其济乎！”遂以疾辞。绍不许而意恨之，复省其所部，并属郭图。

绍军至延津南，操勒兵驻营南阪下，使登垒望之，曰：“可五六百骑。”有顷，复白：“骑稍多，步兵不可胜数。”操曰：“勿复白。”令骑解鞍放马。是时，白马辎重就道，诸将以为敌骑多，不如还保营。荀攸曰：“此所以饵敌，如何去之！”操顾攸而笑。绍骑将文丑与刘备将五六千骑前后至。诸将复白：“可上马。”操曰：“未也。”有顷，骑至稍多，或分趣辎重。操曰：“可矣！”乃皆上马。时骑不满六百，遂纵兵击，大破之，斩丑。丑与颜良，皆绍名将也，再战，悉禽之，绍军夺气。

【译文】

袁绍派大将颜良到白马进攻东郡太守刘延，沮授说道："颜良性情急躁狭隘，虽然骁勇，但不可让他独当一面。"袁绍不听规劝。夏季，四月，曹操率军向北援救刘延。荀攸说道："现在我们兵力弱小，不是袁军的对手，只有分散他的兵力才可以。您到延津后，做出准备渡河袭击袁绍后方的样子，袁绍必然分兵向西迎战。然后，您率军轻装急进，袭击白马，攻其不备，就可击败颜良。"曹操听从了荀攸的策略。袁绍听说曹军要渡河，就分兵向西阻拦。曹操于是率军急速向白马挺进，还差十多里，颜良才得到消息，大吃一惊，前来迎战。曹操派张辽、关羽做先锋，关羽望见颜良的旌旗伞盖，策马长驱直入，在万众之中刺死颜良，斩下他的头颅返回来，袁绍军中无人能够抵挡。于是，解了白马之围，曹操把全城百姓沿黄河向西迁徙。

袁绍要渡过黄河进行追击，沮授劝阻他说道："胜负之间，变化莫测，不能不慎重地考虑。现在应该把大军留驻在延津，分出部分军队去官渡，如果他们告捷，回来迎接大军也不迟；如果大军渡河南下，万一失利，大家就全部没了后路。"袁绍不听他的规劝。沮授在渡河时叹息着说道："主上狂妄自大，下边将领只会贪功，悠悠黄河，我们能够取得胜利吗？"于是称病辞官。袁绍不批准，但心中怀恨，就解除了沮授的兵权，把他所率领的军队全部拨归郭图指挥。

袁绍大军抵达延津以南，曹操部署军队在南阪下安营，派人登上营垒瞭望。瞭望的人报告说道："敌军大概有五六百骑兵。"过了片刻，又报告说道："骑兵逐渐增多，步兵不可胜数。"曹操说道："不必再报告了。"命令骑兵解下马鞍，放马休息。此时，从白马运送的辎重已经上路了，将领们认为敌军骑兵多，不如回去守卫营垒。荀攸说："这正是引敌上钩，怎么可以离开呢？"曹操看着荀攸微微一笑。袁绍的骑兵将领文丑与刘备率领五六千骑兵先后到达，曹军将领们都说道："可以上马了。"曹操说："还没有到时候。"又过了片刻，袁军的骑兵就多了，有的已分别攻击曹军的辎重车队，曹操说道："是时候了。"于是曹军全体骑兵上马。当时曹军骑兵不到六百人，曹操挥军猛击，大破袁军，斩杀了文丑。文丑与颜良都是袁绍军中有名的大将，两次交战，先后被曹军所杀害，袁绍军中士气大衰。

【原文】

初，操壮关羽之为人，而察其心神无久留之意，使张辽以其情问之，羽叹曰："吾极知曹公待我厚，然吾受刘将军恩，誓以共死，不可背之。吾终不留，要当立效以报曹公乃去耳。"辽以羽言报操，操义之。及羽杀颜良，操知其必去，重加赏赐。羽尽封其所赐，拜书告辞，而奔刘备于袁军。左右欲追之，操曰："彼各为其主，勿追也。"

操还军官渡，阎柔遣使诣操，操以柔为乌桓校尉。鲜于辅身见操于官渡，操以辅为右度辽将军，还镇幽土。

【译文】

最初，曹操欣赏关羽的为人，但观察关羽的心思没有久留之意，就派张辽去了解关羽的想法，关羽感叹地说："我十分明白曹公待我情谊深厚，但我受刘将军的大恩，已发誓与他同生共死，不能违背了誓言。我最终还是不会留在这里，但要立功报答曹公后才能够离去。"张辽把关羽的话报告给曹操，曹操佩服他的义气。等到关羽把颜良杀死了以后，曹操知道他一定会离去，就重重赏赐他。关羽把曹操赏赐的所有东西都封存了起来，留下一封拜别的书信向曹操辞行，就到袁绍军中投奔刘备。曹操的左右将领要去追赶关羽，曹操说："他是各为其主，不要再去追。"

曹操回军官渡，阎柔派遣使者拜见曹操，曹操任命阎柔为乌桓校尉。鲜于辅亲自到官渡拜见曹操，曹操任命他为右度辽将军，回去镇守幽州。

【原文】

广陵太守陈登治射阳，孙策西击黄祖，登诱严白虎馀党，图为后害。策还击登，军到丹徒，须待运粮。初，策杀吴郡太守许贡，贡奴客潜民间，欲为贡报雠。策性好猎，数出驱驰，所乘马精骏，从骑绝不能及，卒遇贡客三人，射策中颊，后骑寻至，皆刺杀之。策创甚，召张昭等谓曰："中国方乱，以吴、越之众，三江之固，足以观成败，公等善相吾弟！"呼权，佩以印绶，谓曰："举江东之众，决机于两陈之间，与天下争衡，卿不如我；举贤任能，各尽其心以保江东，我不如卿。"丙午，策卒，时年二十六。

【译文】

广陵郡太守陈登把郡府设在射阳，孙策向西攻击黄祖，陈登引诱严白虎的余党，准备在孙策后方起事。孙策率军回击陈登，先驻在丹徒，等待运输粮草。当初，孙策曾杀死吴郡太守许贡，许贡的家奴和门客藏在民间，打算为许贡报仇。孙策喜欢打猎，经常在外追赶野兽，他骑的一匹骏马跑起来很快，卫士们的马根本就追赶不上他。孙策乘马驱驰的时候，突然遇到许贡的三个门客，他们用箭射中孙策的面颊。后面的卫士骑马赶来，将门客全部杀死了。孙策受了重伤，召唤张昭等人，并对他们说道："现在正是中原大乱的时候，以吴、越的人力，据守三江险要，足以坐观成败。你们一定要好好辅佐我的弟弟！"又把孙权叫了过去，将印绶给孙权佩戴上，对孙权说道："率领江东的人马，决战于战场，与天下英雄相互争斗，你不如我；选择贤才，任用能

臣，使他们各尽忠心，保守江东，我不如你。”四月，丙午（初四），孙策便去世了，时年二十六岁。

【原文】

权悲号，未视事，张昭曰：“孝廉，此宁哭时邪！”乃改易权服，扶令上马，使出巡军。昭率僚属，上表朝廷，下移属城，中外将校，各令奉职，周瑜自巴丘将兵赴丧，遂留吴，以中护军与张昭共掌众事。时策虽有会稽、吴郡、丹阳、豫章、庐江、庐陵，然深险之地，犹未尽从，流寓之士，皆以安危去就为意，未有君臣之固，而张昭、周瑜等谓权可与共成大业，遂委心而服事焉。

备还至绍军，阴欲离绍，乃说绍南连刘表。绍遣备将本兵复至汝南，与贼龚都等合，众数千人。曹操遣将蔡杨击之，为备所杀。

【译文】

孙权悲伤地大哭，未去主持军政事务。张昭对他说：“孙孝廉，难道现在是大哭的时候吗？”于是将孙权的官服穿戴好，搀扶孙权上马，让他去巡视军营。张昭率领僚属，向朝廷报告孙策的死讯，并通知属下郡、县，命令各地官吏和大小将领都要严守岗位。周瑜从巴丘率领大兵来到这里奔丧，于是就留在吴郡，担任中护军，与张昭共同主持军政事务。在此时孙策虽然已经占有会稽、吴郡、丹阳、豫章、庐江、庐陵这几个郡，但其偏远山区仍没有全部被控制。流亡客居在江南的士大夫，也怀有先避避难的想法，和孙策、孙权还没有建立起稳定的君臣关系。但张昭、周瑜等人认为可以同孙权一起完成大业，于是尽心尽力为孙权效力。

刘备回到袁绍军中后，打算离开袁绍。于是，他劝说袁绍与荆州的刘表联合。袁绍派刘备率领他原来的部队再到汝南，与盗匪首领龚都等联合，有部众数千人。曹操派部将蔡杨前去进攻，被刘备杀死。

【原文】

曹操出兵与袁绍战，不胜，复还，坚壁。绍为高橹，起土山，射营中，营中皆蒙楯而行。操乃为霹雳车，发石以击绍楼，皆破。绍复为地道攻操，操辄于内为长堑以拒之。操众少粮尽，士卒疲乏，百姓困于征赋，多叛归绍者。操患之，与荀彧书，议欲还许，以致绍师。彧报曰："绍悉众聚官渡，欲与公决胜败。公以至弱当至强，若不能制，必为所乘，是天下之大机也。且绍，布衣之雄耳，能聚人而不能用。以公之神武明哲而辅以大顺，何向而不济！今谷食虽少，未若楚、汉在荥阳、成皋间也。是时刘、项莫肯先退者，以为先退则势屈也。公以十分居一之众，画地而守之，

扼其喉而不得进，已半年矣。情见势竭，必将有变。此用奇之时，不可失也。”操从之，乃坚壁持之。

操见运者，抚之曰：“却十五日为汝破绍，不复劳汝矣。”绍运谷车数千乘至官渡。荀攸言于操曰：“绍运车旦暮至，其将韩猛锐而轻敌，击，可破也!”操曰：“谁可使者?”攸曰：“徐晃可。”乃遣偏将军河东徐晃与史涣邀击猛，破走之，烧其辎重。

【译文】

曹操出兵与袁绍交战，但没有取胜，退回到营垒，坚守而不出来。袁绍军中建造楼车，堆起土山，站在高处向曹营射箭，曹军在营中行走都要用盾牌遮挡飞箭。曹操制成了霹雳车，向高处发射石块，将袁绍的楼车全部击毁。袁绍又挖地道进攻，曹军在营内也挖了一道长长的深沟，用来抵御袁军从地下的攻击。曹操兵少，粮食将尽，士兵非常疲惫，百姓没有办法交纳沉重的赋税，纷纷背叛，去投降袁绍。曹操很是忧虑，给荀彧写信，说想要用退回许都的办法来引诱袁军深入。荀彧回信说：“袁绍已集中全部军队到达了官渡，想要和您一决胜负。所以您需要用最弱者抵抗最强者，假若不能制敌，就将会被敌所制，这也正是夺取天下的关键所在。而且，袁绍仅仅是个布衣中的英雄罢了，只能把人才召集在自己身边，却不懂得怎么任用他们。根据您的神

武明智，加上尊奉天子、名正言顺，有谁能阻拦得住您呢！现在，粮食虽然很少，但还没有到楚、汉在荥阳、成皋对峙时的那种困境。在那个时候刘邦、项羽谁都不想先行后撤，其原因是若要先退就会处于劣势。而您的军队却只有袁绍军队的十分之一，您坚守不动，扼住袁军的咽喉，让袁军没有办法前进，已经长达半年。情势显现，已到了最终了结的时候，一定会发生变化的，这也是出奇制胜的时机呀，一定不要放弃。”曹操听从了荀彧的劝告，便坚守营垒，和袁绍相持下去。

曹操看见运输粮草的人，安抚他们说：“十五天过后，当为你们击败袁绍，你们就不用这样辛苦地运粮了。”袁绍的数千辆运粮车来到了官渡，荀攸对曹操说：“袁绍运送辎重的车队马上将要到了，而押运的大将韩猛勇敢却轻敌，进攻他，或许能够轻易地将他击败！”曹操说：“那派谁去最合适？”荀攸说：“徐晃最合适。”于是，曹操命偏将军河东人徐晃和史涣在半路上攻击韩猛，击退韩猛，火烧了袁军辎重。

【原文】

冬，十月，绍复遣车运谷，使其将淳于琼等将兵万馀人送之，宿绍营北四十里。沮授说绍：“可遣蒋奇别为支军于表，以绝曹操之钞①。”绍不从。

许攸曰："曹操兵少而悉师拒我，许下馀守，势必空弱。若分遣轻军，星行掩袭，许可拔也。许拔，则奉迎天子以讨操，操成禽矣。如其未溃，可令首尾奔命，破之必也。"绍不从，曰："吾要当先取操。"会攸家犯法，审配收系之，攸怒，遂奔操。

操闻攸来，跣[②]出迎之，抚掌笑曰："子卿远来，吾事济矣！"既入坐，谓操曰："袁氏军盛，何以待之？今有几粮乎？"操曰："尚可支一岁。"攸曰："无是，更言之！"又曰："可支半岁。"攸曰："足下不欲破袁氏邪，何言之不实也！"操曰："向言戏之耳。其实可一月，为之奈何？"攸曰："公孤军独守，外无救援而粮谷已尽，此危急之日也。袁氏辎重万馀乘，在故市、乌巢，屯军无严备，若以轻兵袭之，不意而至，燔其积聚，不过三日，袁氏自败也。"

【注释】

①钞：同"杪"，末尾。

②跣：赤脚、光着脚。

【译文】

冬季十月，袁绍又派了大批车辆运粮草，让大将淳于琼等率领一万余人护送，停留在袁绍大营的北面四十里处。沮授又劝袁绍说："可以派遣蒋奇率领一支军队，在运粮队的外围巡逻，用来防备曹操派军袭击。”袁绍不听。

许攸说：“曹操兵力较少，而集中了所有力量来抵抗我军，守卫许都的兵力有限，防备一定十分空虚。如果派一支队伍轻装前进，连夜奔袭，或许可以攻陷许都。占领许都后，就可以奉迎天子来讨伐曹操，一定能捉住曹操。如果他没立刻溃散，也能使他首尾不能相顾，疲于奔命，一定可将他击败。”袁绍不同意，说：“我一定要先捉住曹操。”就在这个时候，许攸家里有人犯了法，留守邺城的审配将他们逮捕，许攸知道后非常生气，就去投奔曹操。

曹操听闻许攸来到这里，还没有来得及穿鞋，光着脚就出来迎接他，拍着手笑着说：“许子卿，你从远处来到这里，我的大事一定可以成功了！”入座之后，许攸对曹操说：“袁军势力强大，你用什么办法来对付他？现在还有多少粮草？”曹操说：“仅可以支持一年。”许攸说：“不会有那么多的，请你再说一次。”曹操又说：“仅仅可以支持半年。”许攸说：“难道您不想击破袁绍吗？为什么不说实话呢？”曹操说：“刚刚只是在开玩笑罢了，其实我们只可应付一个月，怎么办呢？”许攸说：“您可是孤军独守，外面又没有军队救援，而粮草却将尽，这可是个危急的关头。袁绍有一万多辆辎重车，在故市、乌巢，守军戒备不严密，若派轻装部队突然袭击，攻他个出其不意，焚毁他们的粮草与军用物资，不出三天，袁绍大军就会自行溃散。”

【原文】

操大喜，乃留曹洪、荀攸守营，自将步骑五千人，皆用袁军旗帜，衔枚缚马口，夜从间道出，人抱束薪，所历道有问者，语之曰："袁公恐曹操钞略后军，遣军以益备。"闻者信以为然，皆自若。既至，围屯，大放火，营中惊乱。会明，琼等望见操兵少，出陈门外，操急击之，琼退保营，操遂攻之。

绍闻操击琼，谓其子谭曰："就操破琼，吾拔其营，彼固无所归矣！"乃使其将高览、张郃等攻操营。郃曰："曹公精兵往，必破琼等，琼等破，则事去矣，请先往救之。"郭图固请攻操营。郃曰："曹公营固，攻之必不拔。若琼等见禽，吾属尽为虏矣。"绍但遣轻骑救琼，而以重兵攻操营，不能下。

绍骑至乌巢，操左右或言："贼骑稍近，请分兵拒之。"操怒曰："贼在背后，乃白！"士卒皆殊死战，遂大破之，斩琼等，尽燔其粮谷，士卒千馀人，皆取其鼻，牛马割唇舌，以示绍军。绍军将士皆恟惧。郭图惭其计之失，复谮张郃于绍曰："郃快军败。"郃忿惧，遂与高览焚攻具，诣操营降。曹洪疑不敢受，荀攸曰："郃计画不用，怒而来奔，君有何疑！"乃受之。

【译文】

曹操非常高兴，于是把曹洪、荀攸留在大营防守，自己亲自率领五千名步骑兵出击。军队一律采用袁军的旗号，兵士们的嘴里都衔着小木棍，又绑上了马嘴，以此来阻止声音的发出，夜晚从小道走出营外，每个人抱一捆柴草。经过的路上遇到有人盘问的，就回答说："袁公害怕曹操袭击后方辎重，派兵加强守备。"听到的人都信以为真，全都没有任何戒备。到达乌巢后，围住了袁军辎重，四面放火，袁军大乱了起来。这个时候，天已经渐渐亮了起来，淳于琼看曹军的兵很少，就在营外摆开阵势，而曹操猛击袁军，淳于琼等一时抵挡不住，退回营寨，曹军加紧进攻。

袁绍听到曹操袭击淳于琼的消息时，就对儿子袁谭说："就算曹操攻破了淳于琼，我也要去攻破他的大营，让他没有地方可以回去。"于是，派遣大将高览、张郃去攻打曹军大营。张郃说："曹操已亲自率领精兵前去袭击，一定能攻破淳于琼等，他们一败，辎重被毁，则我军大势已去，请首先去救援淳于琼。"而郭图还坚持要先攻曹操营寨。张郃说："曹操营寨很坚固，肯定不可能攻克。若淳于琼等被捉，我们就会成为俘虏。"袁绍只是派轻兵去援救淳于琼，而派重兵进攻曹军大营，没有攻下。

袁绍增援的骑兵到达乌巢时，曹操左右有人说："敌人

的骑兵已渐渐靠近了，请求分兵抵抗。”曹操生气地怒喝道：“当敌人到了背后时，再来报告！”曹军士兵拼死作战，于是袁军大败，斩杀了淳于琼等，烧毁袁军全部粮秣，又将一千多名袁军士兵的鼻子全部割下，将所有俘获的牛马的嘴唇、舌头也都割下，去拿给袁绍军队看。袁军将士看到后，非常恐惧。郭图认为是自己的计策失败，心中很是羞愧，就又去袁绍那里诬告张郃，说：“张郃听说我军已失利非常幸灾乐祸。”张郃听说后，既恨又怕，就和高览烧毁了攻营的器械，到曹营去投降。曹洪害怕会中计，不敢接受他们投降。荀攸说：“张郃因计策不为袁绍所采用，才一怒之下前来投奔我们，您又有什么可以怀疑的呢！”于是接受了张郃、高览的投降。

【原文】

于是绍军惊扰，大溃，绍及谭等幅巾乘马，与八百骑渡河。操追之不及，尽收其辎重、图书、珍宝。馀众降者，操尽坑之，前后所杀七万馀人。

沮授不及绍渡，为操军所执，乃大呼曰：“授不降也，为所执耳！”操与之有旧，迎谓曰：“分野殊异，遂用圮绝，不图今日乃相禽也！”授曰：“冀州失策，自取奔北。授知力俱困，宜其见禽。”操曰：“本初无谋，不相用计，今丧乱未定，方当与君图之。”授曰：“叔父、母弟，县命袁氏，若蒙公灵，速死为福。”操叹曰：“孤早相得，天下不足虑也。”遂赦而厚遇焉。授寻谋归袁氏，操乃杀之。

操收绍书中，得许下及军中人书，皆焚之，曰：“当绍之强，孤犹不能自保，况众人乎！”

【译文】

于是，袁军惊恐万分，几乎全面崩溃。袁绍与袁谭等人盔甲都没穿，骑着快马，率领骑兵八百名渡过黄河而逃。曹军追赶没有追到，但缴获了袁绍的全部辎重、图书和珍宝。袁军留下的残部投降，全部被曹操活埋了，先后杀死的有七万余人。

沮授没有来得及跟上袁绍渡河逃走，被曹军俘虏了，于是他大声喊道：“我不是投降，只是被擒而已！”曹操和他很早就相识，便亲自来见他，对他说：“我们处在不同的地区，一直以来都被隔开而不能相见，没有想到今天你却被我捉住。”沮授说：“袁绍失策，我的才智和能力已完全无法施展，就应该被擒。”曹操说：“袁绍缺乏头脑，不能很好地采用你的计策。现在，天下战乱没有定下来，我想要和你一起创立功业。”沮授说：“我的叔父和弟弟的性命都掌控在袁绍手里。若蒙您看重，就请马上杀死我吧，这才是我的福气呢。”曹操慨叹道：“我假若早就得到你，那么天下大事就不值得担忧了。”于

是，赦免了沮授，并给予他优厚的待遇。但不久之后，沮授策划逃回袁绍军中，曹操这才将他杀死了。

曹操收缴了袁绍的所有来往书信，得到许多官员和自己军中将领写给袁绍的信，他把这些信全部都烧掉了，说：“当袁绍强盛之时，就连我自己也不能自保！更何况众人呢！”

【原文】

冀州城邑多降于操。袁绍走至黎阳北岸，入其将军蒋义渠营，把其手曰：“孤以首领相付矣！”义渠避帐而处之，使宣号令。众闻绍在，稍复归之。

或谓田丰曰：“君必见重矣。”丰曰：“公貌宽而内忌，不亮吾忠，而吾数以至言迕之，若胜而喜，犹能救我，今战败而恚，内忌将发，吾不望生。”绍军士皆拊膺泣曰：“向令田丰在此，必不至于败。”绍谓逢纪曰：“冀州诸人闻吾军败，皆当念吾，惟田别驾前谏止吾，与众不同，吾亦惭之。”纪曰：“丰闻将军之退，拊手大笑，喜其言之中也。”绍于是谓僚属曰：“吾不用田丰言，果为所笑。”遂杀之。初，曹操闻丰不从戎，喜曰：“绍必败矣。”及绍奔遁，复曰：“向使绍用其别驾计，尚未可知也。”

【译文】

冀州属下的郡县大多都投降于曹操。袁绍逃到黎阳的黄河北岸，进入部将蒋义渠的营中，握着他的手说："我已经把脑袋托付给你了。"蒋义渠把大帐让给袁绍，让他在内发号命令，袁军残部知道袁绍还在，又渐渐聚集了起来。

有的人对田丰说："您肯定会受重用的。"田丰说："袁绍貌似宽厚，但内心却充满了猜忌，不能够了解我的一片赤胆忠心，而我因多次直言相劝而触怒了他，若他因胜利而高兴，或许能够赦免了我，但现在因为战败而愤恨，妒心将要发作，我没有指望能活下去。"袁军将士全部捶胸痛哭，说："如果田丰能在这里，我们也不至于失败。"袁绍却对逢纪说："留在冀州的众人，当听到我军失败时，都会挂念于我，只有田丰以前曾经劝阻过我出兵，和众人不一样，我也同样感到心中有愧。"逢纪说："田丰听说将军大战失利，拍手大笑起来，庆幸他的预言终于实现了。"袁绍于是对僚属说："我并没有用田丰的计策，果然被他取笑。"于是下令将田丰处死。当初，曹操听说田丰并没有随军出征，高兴地说："袁绍一定会失败的。"到袁绍大败逃跑时，曹操又说："若袁绍善用田丰的计策，胜败还是很难说的。"

【原文】

审配二子为操所擒，绍将孟岱言于绍曰："配在位专政，族大兵强，且二子在南，必怀反计。"郭图、辛评亦以为然。绍遂以岱为监军，代配守邺。护军逢纪素与配不睦，绍以问之，纪曰："配天性烈直，每慕古人之节，必不以二子在南为不义也。愿公勿疑。"绍曰："君不恶之邪?"纪曰："先所争者，私情也；今所陈者，国事也。"绍曰："善!"乃不废配，配由是更与纪亲。冀州城邑叛绍者，绍稍复击定之。

绍为人宽雅，有局度，喜怒不形于色，而性矜愎自高，短于从善，故至于败。

操欲令纮辅权内附，乃以纮为会稽东部都尉。纮至吴，太夫人以权年少，委纮与张昭共辅之。纮思惟补察，知无不为。太夫人问扬武都尉会稽董袭曰："江东可保不?"袭曰："江东有山川之固，而讨逆明府恩德在民，讨虏承基，大小用命，张昭秉众事，袭等为爪牙，此地利人和之时也，万无所忧。"权遣张纮之部，或以纮本受北任，嫌其志趣不止于此，权不以介意。

【译文】

曹军把审配的两个儿子俘虏了。袁绍部将孟岱对袁绍说："审配官居高位，专权独断，家族人丁旺盛，兵马十分精锐强大，而且他那两个儿子都在曹操手中，一定会心生背叛之意图。”郭图、辛评也认为是这样。袁绍就委任孟岱为监军，代替审配镇守邺城。护军逢纪平时与审配不是很和睦，袁绍去询求逢纪的意见，逢纪说：“审配天性很刚直，常常仰慕古人的气节，肯定不会因为两个儿子在敌人手中而做出不道义的事情来。希望您不要再怀疑。”袁绍说：“你不是憎恶他吗？”逢纪说：“从前我和他的争执只是私人小事，而现在我所说的是国家大事。”袁绍说：“好！”于是就没有罢黜审配的职务。从此以后，审配与逢纪的关系越来越亲近。冀州属下一些背叛袁绍的城邑，又逐渐被收复平定。

袁绍颇有气度，喜怒不形于色，但性格刚愎自用，很难采纳别人的正确意见，所以最后失败了。

曹操想要让张纮劝告孙权归附于朝廷，所以，上表推荐张纮担任会稽郡东部都尉。张纮来到了吴郡，孙权的母亲吴夫人以为孙权年纪还很轻，拜托张纮与张昭一起来辅佐孙权。张纮一心辅政，尽心竭力，吴夫人向扬武校尉、会稽人董袭说：“江东能不能保住？”董袭说：“江东地形险要，容易守城很难攻破。孙策将军的恩德留在民间，孙权将军已继承基业，大小官员都很拥护他。由张昭主持大局，而我们这些武将作为爪牙，这正好是地利人和的时机，绝对不会失守的，您不必担忧。”孙权派遣张纮到会稽郡上任，有人认为张纮是个朝廷任命的官员，怀疑他的志向不会在这里，但是

孙权并不因此而介意。

【原文】

鲁肃将北还，周瑜止之，因荐肃于权曰：“肃才宜佐时，当广求其比以成功业。”权即见肃，与语，悦之。宾退，独引肃合榻对饮，曰：“今汉室倾危，孤思有桓、文之功，君何以佐之?”肃曰：“昔高帝欲尊事义帝而不获者，以项羽为害也。今之曹操，犹昔项羽，将军何由得为桓、文乎！肃窃料之，汉室不可复兴，曹操不可卒除，为将军计，惟有保守江东以观天下之衅耳。若因北方多务，剿除黄祖，进伐刘表，竟长江所极，据而有之，此王业也。”权曰：“今尽力一方，冀以辅汉耳，此言非所及也。”张昭毁肃年少粗疏，权益贵重之，赏赐储偫，富拟其旧。

【译文】

鲁肃将要返还北方故乡，周瑜劝他留下来，并向孙权推荐说：“鲁肃才干出众，应当对其加以重任，还要多延聘一些像他这样的人才，以助你成就大业。”孙权立即接见鲁肃，与他进行交谈，对他很是赏识。等到宾客都告辞后，却单独留下鲁肃，把坐榻合在一处，与其相对饮酒。孙权说：“如今汉王室处于垂危时期，我想建立齐桓公、晋文公那样的功业，你有什么好办法帮助我?”鲁肃说：“从前，汉高祖刘邦打算尊奉义帝，但并没有如他所愿，是因为项羽从中阻拦。如今的曹操，正像当年的项羽一样，将军有什么办法去效仿齐桓公、晋文公呢？我私下里推测，汉朝的王室已经不能再复兴，曹操也不可能一下子就会被消灭掉。为将军打算，只有保守江东，以此来观察天下大局的变化。如果能趁着曹操在北方用兵、没有心思理会南方时，消灭黄祖，讨伐刘表，控制长江流域的全部，这就能建立帝王的功绩。”孙权说：“如今我尽力经营一方，只是希望能够辅佐汉王室罢了，你所说的我现在还没有想过。”张昭诋毁鲁肃年轻、粗疏，孙权却更加重视鲁肃，赏赐给他财物，使鲁肃的豪富同鲁家当年一样。

【原文】

权料诸小将兵少而用薄者，并合之。别部司马汝南吕蒙，军容鲜整，士卒练习。权大悦，增其兵，宠任之。

张鲁以刘璋闇懦，不复承顺，袭别部司马张修，杀之而并其众。璋怒，杀鲁母及弟，鲁遂据汉中，与璋为敌。璋遣中郎将庞羲击之，不克。璋以羲为巴郡太守，屯阆中以御鲁。羲辄召汉昌賨民为兵，或构羲于璋，璋疑之。赵韪数谏不从，亦恚恨。

初，南阳、三辅民流入益州者数万家，刘焉悉收以为兵，名曰东州兵。璋性宽柔，无威略，东州人侵暴旧民，璋不能禁。赵韪素得人心，因益州士民之怨，遂作乱，引兵数万攻璋；厚赂荆州，与之连和。蜀郡、广汉、犍为皆应之。

【译文】

孙权检查低级别的属下将领，将其部下兵力较少而能力又差的加以合并。别部司马、汝南人吕蒙，其部下军容整齐，训练有素，孙权十分常识他，为他增加兵力，并施加重任于他。

张鲁认为刘璋懦弱没有才能，所以不再服从刘璋的命令，袭击别部司马张修，杀死张修从而吞并了他的队伍。刘璋非常生气，杀死了张鲁的母亲和弟弟，于是张鲁占据汉中地区，据此与刘璋为敌。刘璋派中郎将庞羲进攻张鲁，没有取胜。刘璋委任庞羲为巴郡太守，驻守阆中，抵抗张鲁。庞羲没有请示刘璋，就召集汉昌的賨人为兵，有人向刘璋诬告庞羲图谋不轨，刘璋起了怀疑之心。赵韪又多次劝告刘璋，刘璋没有理会他，赵韪也怀恨在心。

当初，南阳及三辅地区的百姓因为逃避苦难而流亡到益州的有数万家了，刘璋的父亲刘焉把他们都收编为部队，称为东州兵。刘璋性格仁慈宽厚，没有威望，东州兵欺压侵掠益州原有的居民，刘璋却不能及时禁止。而赵韪深得民心，于是利用益州的百姓对刘璋的怨恨，起兵反抗，率领军队数万人进攻刘璋。赵韪还给荆州牧刘表送去厚礼，表示要与他联盟。蜀郡、广汉郡、犍为郡都起来响应赵韪。

卧龙出世（卷六十五◎汉纪五十七）

【原文】

孝献皇帝庚建安十二年

初，琅邪诸葛亮寓居襄阳隆中，每自比管仲、乐毅，时人莫之许也，惟颍川徐庶与崔州平谓为信然。州平，烈之子也。

刘备在荆州，访士于襄阳司马徽。徽曰："儒生俗士，岂识时务，识时务者在乎俊杰。此间自有伏龙、凤雏。"备问为谁，曰："诸葛孔明、庞士元也。"徐庶见备于新野，备器之。庶谓备曰："诸葛孔明，卧龙也，将军岂愿见之乎？"备曰："君与俱来。"庶曰："此人可就见，不可屈致也，将军宜枉驾顾之。"

备由是诣亮，凡三往，乃见。因屏[①]人曰："汉室倾颓，奸臣窃命，孤不度德量力，欲信大义于天下，而智术浅短，遂用猖蹶，至于今日。然志犹未已，君谓计将安出？”亮曰：“今曹操已拥百万之众，挟天子而令诸侯，此诚不可与争锋。孙权据有江东，已历三世，国险而民附，贤能为之用，此可与为援而不可图也。荆州北据汉、沔，利尽南海，东连吴、会，西通巴、蜀，此用武之国，而其主不能守，此殆天所以资将军也。益州险塞，沃野千里，天府之土；刘璋闇弱，张鲁在北，民殷国富而不知存恤，智能之士思得明君。将军既帝室之胄，信义著于四海，若跨有荆、益，保其岩阻，抚和戎、越，结好孙权，内修政治，外观时变，则霸业可成，汉室可兴矣。”备曰：“善！”于是与亮情好日密。关羽、张飞不悦，备解之曰：“孤之有孔明，犹鱼之有水也。愿诸君勿复言。”羽、飞乃止。

【注释】

①屏：同“摒”，排除、排斥。

【译文】

汉献帝建安十二年（丁亥，公元207年）

当初，琅邪人诸葛亮寄居襄阳隆中，经常把自己比作管仲和乐毅，但是当时人并不认可他，只有颍川人徐庶与崔州平认为确实如此。崔州平是崔烈的儿子。

刘备在荆州，向襄阳人司马徽询访人才。司马徽说：

"那些一般的儒生与俗士，怎么能认清时务，能认清时务的，只有俊杰之士。在襄阳这一带，只有卧龙与凤雏。"刘备问那是谁，司马徽说："就是诸葛亮与庞统。"徐庶在新野县拜见刘备，刘备很是器重他。徐庶对刘备说："诸葛亮是一个卧着的龙，将军可否愿意见一见他呢？"刘备说："就请他和你一起来吧。"徐庶说："这个人，你可以去见他，而不可以召唤他来，将军应当屈驾去拜访一下他呀！"

刘备于是前去拜访诸葛亮，一共去了三次，才见到诸葛亮。于是，刘备让左右的人都出去，说道："汉朝王室已经衰败，奸臣窃取朝政大权，我不顾自己的德行是否服人，自己的力量是否胜人，想要在天下伸张正义，但因智谋短浅，以至于屡受挫折，也只能到今天这个地步。但我仍然没有放弃自己的雄心壮志，你认为我应当如何去做呢？"诸葛亮说："如今，曹操已经拥有百万大军，挟持天子来号令群雄，这个人确实不可以与他争锋。而孙权占据着江东，已经历三代，地势险要，民心归附。贤能的人才都愿意为他效力，这个人应该和他联合起来，却不可以打他的主意。荆州地区，北方以汉水、沔水为屏障，南方直通南海，东边连接吴郡、会稽，西边可通巴郡、蜀郡，正是用武之地，但主人刘表却不能很好地守住它，这似乎是上天赐给将军的资本。益州四边地势险要，中有沃野千里，是天府之地，而益州牧刘璋昏庸懦弱，北边还有张鲁相邻，虽然百姓富庶，官府财力充

足，但不知道珍惜。有才能的人都希望有一个贤明的君主。将军既是汉朝王室的后裔，信义闻名于天下，如果能占有荆州与益州，据守险要，安抚戎、越等少数民族，与孙权结盟，对内修明政治，对外观察时局的变化，这样，就能建成霸业，复兴汉朝王室了。”刘备说：“很好!”从此与诸葛亮的情谊日益亲密。关羽、张飞对此感到非常不满，刘备向他们解释说：“我有了诸葛亮，就像鱼儿有了水一样，希望你们不要再说了。”关羽、张飞才停止抱怨。

孙刘结盟（卷六十五◎汉纪五十七）

【原文】

孝献皇帝庚建安十三年

曹操自江陵将顺江东下。诸葛亮谓刘备曰："事急矣，请奉命求救于孙将军。"遂与鲁肃俱诣[1]孙权。亮见权于柴桑，说权曰："海内大乱，将军起兵江东，刘豫州收众汉南，与曹操共争天下。今操芟夷大难，略已平矣，遂破荆州，威震四海。英雄无用武之地，故豫州遁逃至此，愿将军量力而处之！若能以吴、越之众与中国抗衡，不如早与之绝；若不能，何不按兵束甲，北面而事之！今将军外托服从之名而内怀犹豫之计，事急而不断，祸至无日矣。"权曰："苟如君言，刘豫州何不遂事之乎？"亮曰："田横，齐之壮士耳，犹守义不辱，况刘豫州王室之胄，英才盖世，众士慕仰，若水之归海。若事之不济，此乃天也，安能复为之下乎！"权勃然曰："吾不能举全吴之地，十万之众，受制于人。吾计决矣！非刘豫州莫可以当曹操者。然豫州新败之后，安能抗此难乎？"亮曰："豫州军虽败于长坂，今战士还者及关羽水军精甲万人，刘琦合江夏战士亦不下万人。曹操之众，远来疲敝，闻追豫州，轻骑一日一夜行三百馀里，此所谓'强弩之末势不能穿鲁缟'者也。故《兵法》忌之，曰'必蹶上将军'。且北方之人，不习水战。又，荆州之民附操者，逼兵势耳，非心服也。今将军诚能命猛将统兵数万，与豫州协规同力，破操军必矣。操军破，必北还，如此，则荆、吴之势强，鼎足之形成矣。成败之机，在于今日！"权大悦，与其群下谋之。

【注释】

①诣：至、到，引申为拜访。

【译文】

汉献帝建安十三年（戊子，公元208年）

曹操从江陵出发，想要顺长江东下。诸葛亮对刘备说："事情很急，我请命向孙将军求救。"于是他就和鲁肃一起去见孙权。诸葛亮在柴桑见到孙权，对孙权说："海内天下大乱，将军在长江以东起兵，刘备则在汉水以南召集部众，和曹操一起争夺天下。如今，曹操基本上已经消灭北方的主要强敌，接着就会南下攻破荆州，威震四海。在曹操大军面前，英雄没有施展才能的机会，所以刘备才逃到这里，希望将军量力应对目前的局势。如果将军能以江东吴、越的人马，与占据中原的曹操相抗衡，不如尽快和曹操断绝来往关系，如果不能，为什么不早点向他称臣，解除武装？现在，将军有服从朝廷的名声，而心中却犹豫不决，事情已到危急关头，若不果断处理，大祸马上就要临头了。”孙权说：“就像你所说的那样，刘备为什么不服从于曹操？”诸葛亮说：“田横，只不过是个齐国的壮士，还坚守道义，不肯忍辱投降，更何况刘备可是皇室后裔，英雄才略，举世无双，众人对他的仰慕，就如同流水归向大海一般。假如大事不能成功，那也是天意，怎么能再居于曹操之下呢？”孙权很是气愤，说：“我不能将吴国的全部故地和十万精兵拱手奉上，去接受曹操的控制和命令。我决定了！但是除了刘备以外，没有可以抵挡曹操的人，可刘备刚刚战败之后，怎么能担当得了这个重任呢？”诸葛亮说：“刘备的军队虽然在长坂大败，但是，现在陆续回来的战士和关羽的水军加起来也有一万精兵，刘琦集结江夏郡的战士，也不少于一万人。曹操的军队从远处到来，一定非常疲惫。听说在追赶刘备时，他的轻骑兵昼夜奔驰了三百余里，这可正是所谓的‘强弩射出的箭已到了力量用尽的时候，连鲁国生产的薄布都穿不透’。所以《兵法》以此为禁忌，说‘必定会使上将军受挫’。

而且，北方地区的人，不善于进行水战。另外，荆州地区的民众归附曹操，只是在他的军队威逼之下所致，并非诚心投降。而现如今，将军若能命令猛将统领数万大军，与刘备齐心协力，定会大败曹军。曹操失败后，必然退回北方，这样荆州与东吴的势力就因此强大了起来，可以形成三足鼎立的局势。而成败的关键，就在于今天！”孙权听后十分高兴，就去和他的部属们商议。

【原文】

是时，曹操遗权书曰：“近者奉辞伐罪，旌麾南指，刘琮束手。今治水军八十万众，方与将军会猎于吴。”权以示臣下，莫不响震失色。长史张昭等曰：“曹公，豺虎也，挟天子以征四方，动以朝廷为辞，今日拒之，事更不顺。且将军大势可以拒操者，长江也。今操得荆州，奄有其地，刘表治水军，蒙冲斗舰乃以千数，操悉浮以沿江，兼有步兵，水陆俱下，此为长江之险已与我共之矣，而势力众寡又不可论。愚谓大计不如迎之。”鲁肃独不言。权起更衣，肃追于宇下。权知其意，执肃手曰：“卿欲何言？”肃曰：“向察众人之议，专欲误将军，不足与图大事。今肃可迎操耳，如将军不可也。何以言之？今肃迎操，操当以肃还付乡党，品其名位，犹不失下曹从事，乘犊车，从吏卒，交游士林，累官故不失州郡也。将军迎操，欲安所归乎？愿早定大计，莫用众人之议也!”权叹息曰：“诸人持议，甚失孤望。今卿廓开大计，正与孤同。”

【译文】

在这个时候，曹操给孙权写信说：“近日，我奉天子之命，讨伐有罪的叛逆之臣，军旗指向南方，刘琮就已投降。而现在，我统领八十万水军，将会与将军在吴地一决胜负。”孙权给部属们看了这封书信，而他们无不惊惶失色。长史张昭等人说：“曹操可是一只豺狼虎豹，挟持天子来征讨四方，时不时地就动用朝廷的名义来发布命令。今天我们如果对其抗拒，而事情则会名不正言不顺。况且，将军可以抵抗曹操的，只有长江天险。而现今，曹操占领了荆州的土地，刘表所统治的水军，就包括那数以千计的艨艟战船，已成为曹操之部下，曹操又将全部船只沿着长江而下，还有步兵，水陆都一起进发。长江天险已由曹操与我们共同拥有，而双方势力的悬殊不能相提并论，依我的意见最好是迎接曹操。”而只有鲁肃一句未说。孙权起身上厕所，鲁肃追到房檐下。孙权知道鲁肃的意图，握着鲁肃的手说：“你现在想说什么?”鲁肃说：“刚才，我听了众人的讨论，只会贻误将军的大事，不足以与他们商议大事。而现在，像我鲁肃这样的人才可以迎降曹操，而将军却不可以。为什么这样说呢？现在我去迎接曹操，曹操定会把我交给乡村父老去评议，讨论我的名

位，也还会被安排在其手下做事，能够乘坐牛车，有吏卒跟随，与士大夫们结交，步步升官，以后也能当上州、郡的长官。将军迎接曹操，那么你会打算到哪里去安身呢？但愿将军能趁早定下大计，不要听从那些人的意见。”孙权叹息地说：“这些人的说法，真是太让我失望了。现在，你所说的策略，正好与我想的不谋而合。”

赤壁鏖战（卷六十五◎汉纪五十七）

【原文】

是夜，瑜复见权曰："诸人徒见操书言水步八十万而各恐慑，不复料其虚实，便开此议，甚无谓也。今以实校之，彼所将中国人不过十五六万，且已久疲；所得表众亦极七八万耳，尚怀狐疑。夫以疲病之卒御狐疑之众，众数虽多，甚未足畏。瑜得精兵五万，自足制之，愿将军勿虑！"权抚其背曰："公瑾，卿言至此，甚合孤心。子布、元表诸人，各顾妻子，挟持私虑，深失所望，独卿与子敬与孤同耳，此天以卿二人赞孤也。五万兵难卒合，已选三万人，船粮战具俱办。卿与子敬、程公便在前发，孤当续发人众，多载资粮，为卿从援。卿能办之者诚决，邂逅不如意，便还就孤，孤当与孟德决之。"遂以周瑜、程普为左右督，将兵与备并力逆操，以鲁肃为赞军校尉，助画方略。

刘备在樊口，日遣逻吏于水次候望权军。吏望见瑜船，驰往白备，备遣人慰劳之。瑜曰："有军任，不可得委署；傥能屈威，诚副其所望。"备乃乘单舸往见瑜曰："今拒曹公，深为得计。战卒有几?"瑜曰："三万人。"备曰："恨少。"瑜曰："此自足用，豫州但观瑜破之。"备欲呼鲁肃等共会语，瑜曰："受命不得妄委署，若欲见子敬，可别过之。"备深愧喜。

【译文】

在当天夜里，周瑜又一次去见孙权，说："众人只看到曹操信中说有水、陆军八十万从而各自惊恐，也不去分析其中的虚实，于是就提出向曹操投降的意见，真是太不像话。如今我们就据实计算一下，曹操所率领的中原部队不过有十五六万人，而且长期征战，早就已经疲惫了，且刚刚接收的刘表的部队，最多也就有七八万人，却仍然心怀猜疑。以疲惫的士卒，互相猜疑的部众，人数虽然很多，却并没有什么可怕的。我只要有五万精兵，就足以制服敌军，希望将军不要为此而忧虑!"孙权拍着周瑜的后背说："公瑾，你已经说到这个地步，非常符合我的心意。张昭、秦松等人，各顾自己的妻子儿女，怀有私心，让我大失所望。只有你与鲁肃和我有着相同的看法，这是上天派你们二人来辅佐我。五万精兵很难集合，已经挑选了三万精兵，战船、粮草及武器等

装备都已备齐，你和鲁肃、程普首先出发，我会在这里继续调集人马，多运辎重、粮草，为你们做后援。你若能将曹军击败，就应当机立断，但若失利，就可以退到我这里来，我会与曹操决一胜负的。”于是，孙权任命周瑜、程普为左、右都督，率领精兵与刘备共同迎战曹操，命鲁肃为赞军校尉，帮助筹划战略方案。

刘备在樊口驻军，每天派巡逻的士兵向江边眺望孙权的军队。士兵看到了周瑜的船队，急忙骑马去向刘备报告。刘备派人去慰劳他。而周瑜却对慰劳的人说：“我有军事任务在身，不能委派其他人代理，刘备将军若能屈尊前来会见，这会非常符合我的希望。”刘备于是就独自乘船去见周瑜，说：“抵抗曹操，真是一个很明智的选择啊！不知你有多少战士呢？”周瑜说：“三万人。”刘备说：“真是太少了。”周瑜说：“这已经足够用了，将军就看我如何击败曹军吧！”刘备想要召鲁肃等来一起商议谈话，周瑜说：“我军命在身，不能随意，假如您要见鲁肃，可以另外去拜访他。”刘备既惭愧，又很高兴。

【原文】

进，与操遇于赤壁。

时操军众，已有疾疫。初一交战，操军不利，引次江北。瑜等在南岸，瑜部将黄盖曰：“今寇众我寡，难与持久。

操军方连船舰，首尾相接，可烧而走也。”乃取蒙冲斗舰十艘，载燥荻、枯柴，灌油其中，裹以帷幕，上建旌旗，豫备走舸，系于其尾。先以书遗操，诈云欲降。时东南风急，盖以十舰最著前，中江举帆，馀船以次俱进。操军吏士皆出营立观，指言盖降。去北军二里馀，同时发火，火烈风猛，船往如箭，烧尽北船，延及岸上营落。顷之，烟炎张天，人马烧溺死者甚众。瑜等率轻锐继其后，雷鼓大震，北军大坏。操引军从华容道步走，遇泥泞，道不通，天又大风，悉使羸兵负草填之，骑乃得过。羸兵为人马所蹈藉，陷泥中，死者甚众。刘备、周瑜水陆并进，追操至南郡。时操军兼以饥疫，死者太半。操乃留征南将军曹仁、横野将军徐晃守江陵，折冲将军乐进守襄阳，引军北还。

【译文】

周瑜大军继续向前进军，与曹操在赤壁相遇。

此时，曹军内发生了疾疫。两军第一次交战，曹军失利，退到长江北岸。周瑜等在长江南岸驻军，周瑜的部下黄盖说：“现在敌众我寡，很难长期相持。曹军战船被连在一起，首与尾相接，我们可以用火攻，从而击败曹军。”于是选取了艨艟战船十艘，装上干芦荻和枯柴，再浇上油，而外面裹上帷幕，上边插上旌旗，将预先准备好的快艇系在船尾。黄盖提前派人给曹操送信，谎称打算投降于他。诈降那天，东南风正急，黄盖排在最前面的十艘战船，划到江心时升起船帆，而其余的船在后依次前进。曹操军中的官兵都走出营来观看，指着船说黄盖是来投降了。离曹军仅仅还有二里多远时，那十艘船同时点起火，火很烈，风也很猛，船像箭一样向前飞驶过来，将曹军战船全部烧光，火势还蔓延到了曹军设在陆地上的营寨。一瞬间，浓烟烈火，遮天蔽日，曹军人马烧死和淹死的不计其数。周瑜等率领轻装的精锐战士紧随在后，鼓声震天，奋勇向前，曹军大败。曹操率领军队从华容道步行撤退，遇到泥泞，道路不通，且天又刮起大风。曹操让那些老弱残兵背草铺在路上，骑兵才能勉强通过。而老弱残兵被人马所践踏，陷在泥中，死了很多。刘备、周瑜则水陆并进，追赶曹操直到南郡。在这时，曹军既饿又病，已死了一大半。曹操就留下征南将军曹仁、横野将军徐晃镇守江陵，折冲将军乐进镇守襄阳，自己率军返回北方。

刘备入蜀（卷六十七◎汉纪五十九）

【原文】

孝献皇帝壬建安十九年

刘备围雒城且一年，庞统为流矢所中，卒。法正笺与刘璋，为陈形势强弱，且曰："左将军从举兵以来，旧心依依，实无薄意。愚以为可图变化，以保尊门。"璋不答。雒城溃，备进围成都。诸葛亮、张飞、赵云引兵来会。

马超知张鲁不足与计事，又鲁将杨昂等数害其能，超内怀于邑。备使建宁督邮李恢往说之，超遂从武都逃入氐中，密书请降于备。备使人止超，而潜以兵资之。超到，令引军屯城北，城中震怖。

备围城数十日，使从事中郎涿郡简雍入说刘璋。时城中尚有精兵三万人，谷帛支一年，吏民咸欲死战。璋言："父子在州二十馀年，无恩德以加百姓。百姓攻战三年，肌膏草野者，以璋故也，何心能安！”遂开城，与简雍同舆出降，群下莫不流涕。备迁璋于公安，尽归其财物，佩振威将军印绶。

备入成都，置酒，大飨士卒。取蜀城中金银，分赐将士，还其谷帛。备领益州牧，以军师中郎将诸葛亮为军师将军，益州太守南郡董和为掌军中郎将，并署左将军府事，偏将军马超为平西将军，军议校尉法正为蜀郡太守、扬武将军，裨将军南阳黄忠为讨虏将军，从事中郎麋竺为安汉将军，简雍为昭德将军，北海孙乾为秉忠将军，广汉长黄权为偏将军，汝南许靖为左将军长史，庞羲为司马，李严为犍为太守，费观为巴郡太守，山阳伊籍为从事中郎，零陵刘巴为西曹掾，广汉彭羕为益州治中从事。

【译文】

汉献帝建安十九年（甲午，公元214年）

刘备围攻雒城将近一年，庞统被流矢射中而死。法正给刘璋写信，分析了形势强弱，并说：“左将军刘备起兵后，对您仍有旧情，实际上并没有任何恶意。我认为您确实应该改变一下态度，以此来保住家门的尊贵。”刘璋没有回答他。刘备攻破了雒城，继续前进并包围了成都。诸葛亮、张飞、赵云也率领众兵前来会合。

马超知道张鲁是个不能一起计议大事的人，张鲁的部将杨昂等人还屡次诋毁他的才能，因此心中很是忧郁。刘备派建宁督邮李恢前去游说马超，马超于是从武都逃到氐人部落，秘密写信给刘备请求归降。刘备派人制止马超，但是暗地里却派兵给以帮助。马超来到了成都，刘备命令他率领军队驻扎城北，成都城内的人听说马超到来都十分震惊，心中甚是恐惧。

刘备包围成都数十天，派从事中郎涿郡人简雍进入城内向刘璋劝降。而在这时城中还有精兵三万人，粮食和丝帛还足以支持一年，官吏和百姓都愿意死战到底。刘璋说："我们父子统领益州已二十余年，而对百姓却没有任何的恩德。百姓苦战了三年，暴尸荒野，实在是因为我刘璋的缘故，我怎么能安心呢！"因此命令打开城门，和简雍同乘一辆车出来投降，部属没有一个不伤心落泪的。刘备就把刘璋安置在公安这个地方，归还了他的全部财物，让他佩带振威将军印绶。

刘备进入成都，大摆酒宴，犒劳士卒，取出存放在城中的金银，分别赏赐给将士，而粮食和丝帛则归还原主。刘备兼任益州牧，军师诸葛亮任军师中郎将军，益州太守、南郡人董和为掌军中郎将，并且代理左将军府事；偏将军马超为平西将军，军议校尉法正为蜀郡太守、扬武将军，裨将军、南阳人黄忠为讨虏将军，从事中郎麋竺为安汉将军，简雍为昭德将军，北海人孙乾为秉忠将军，广汉长黄权为偏将军，汝南人许靖为左将军长史，庞羲为司马，李严为犍为太守，费观为巴郡太守，山阳人伊籍为从事中郎，零陵人刘巴为西曹掾，广汉人彭羕为益州治中从事。

汉中称王（卷六十八◎汉纪六十）

【原文】

孝献皇帝癸建安二十四年

初，夏侯渊战虽数胜，魏王操常戒之曰："为将当有怯弱时，不可但恃勇也。将当以勇为本，行之以智计，但知任勇，一匹夫敌耳。"及渊与刘备相拒逾年，备自阳平南渡沔水，缘山稍前，营于定军山。渊引兵争之。法正曰："可击矣。"备使讨虏将军黄忠乘高鼓噪攻之，渊军大败，斩渊及益州刺史赵颙。张郃引兵还阳平。是时新失元帅，军中扰扰，不知所为。督军杜袭与渊司马太原郭淮收敛散卒，号令诸军曰："张将军国家名将，刘备所惮。今日事急，非张将军不能安也。"遂权宜推郃为军主。郃出，勒兵按陈，诸将皆受郃节度，众心乃定。明日，备欲渡汉水来攻，诸将以众寡不敌，欲依水为陈以拒之。郭淮曰："此示弱而不足挫敌，非算也。不如远水为陈，引而致之，半济而后击之，备可破也。”既陈，备疑，不渡。淮遂坚守，示无还心。以状闻于魏王操，操善之，遣使假郃节，复以淮为司马。

【译文】

汉献帝建安二十四年（己亥，公元219年）

起初，夏侯渊虽然打了多次胜仗，魏王曹操却总是告诫他说：“作为一名将领应该有胆怯和示弱的时候，不能仅仅凭借勇猛。将领应当以勇敢为根本，但行动仍要依靠智慧和计谋，仅凭勇敢，只能敌得过一名普通人罢了。”后来，夏侯渊与刘备对峙了一年多，刘备从阳平关向南，渡过沔水，顺着山势稍微前行，在定军山扎下了营盘。夏侯渊又率军争夺定军山。法正说：“现在，应该可以发动攻击了。”刘备派讨虏将军黄忠率领军队居高临下，擂鼓呐喊，发起了进攻，夏侯渊的军队大败，夏侯渊和益州刺史赵颙被杀。张郃又率领军队退回阳平。这个时候，新失统帅的曹军人心惶惶，不知怎么才好。督军杜袭和夏侯渊的司马、太原人郭淮集合散乱的兵卒，号令各营将士说：“张郃将军是国家的名将，是刘备所害怕的。而现在军情紧迫，只有在张将军的指挥下才能转危为安。”于是临时推举张郃为军中的主帅。张郃则又出来统率军队，巡视了阵地，将领们都接受张郃的指挥，军心才因此安定下来。第二天，刘备打算渡过汉水发动

攻击。曹军将领们都认为寡不敌众，准备依凭汉水列阵抵抗。郭淮说："这样做是在向敌人示弱，而不能挫败敌人，不是好计策。还不如远离汉水列阵，把敌人吸引过来，等他们渡过一半后，我们再次出击，这样就可以打败刘备。"曹军列好阵势，刘备却产生了怀疑，命令其军队不要渡河。郭淮于是依旧坚守阵地，表明曹军并没有撤退之心。郭淮等人又把情况上报给魏王曹操，曹操也非常同意其做法，派使者把符节授予张郃，又任命郭淮为司马。

【原文】

三月，魏王操自长安出斜谷，军遮要以临汉中。刘备曰："曹公虽来，无能为也，我必有汉川矣。"乃敛众拒险，终不交锋。操运米北山下，黄忠引兵欲取之，过期不还。翊军将军赵云将数十骑出营视之，值操扬兵大出，云猝与相遇，遂前突其陈，且斗且却。魏兵散而复合，追至营下，云入营，更大开门，偃旗息鼓。魏兵疑云有伏，引去；云雷鼓震天，惟以劲弩于后射魏兵。魏兵惊骇，自相蹂践，堕汉水中死者甚多。备明旦自来，至云营，视昨战处，曰："子龙一身都为胆也！"

操与备相守积月，魏军士多亡。夏，五月，操悉引出汉中诸军还长安，刘备遂有汉中。

【译文】

三月，魏王曹操从长安出发，穿过斜谷，派出军兵守住险要之处，以使大军顺利到达汉中地带。刘备说："曹公就算是亲自前来，也起不了任何作用，我一定会占领汉川。"于是，聚集军队，占领险要地带，但始终不与曹军交战。曹军在北山下运送粮米，黄忠率领军队试图夺取，已经超过了约定的时间而不见回转。翊军将军赵云率领数十骑兵出营去查看，正好曹操大军出动，赵云与敌人突然相遇，于是冲击了敌阵，且战且退。曹军散开后再一度汇合，追到赵云的军营前，赵云进入军营，又大开营门，偃旗息鼓。曹军怀疑他在营中有埋伏，于是撤退了。赵云命令擂起战鼓，鼓声震天，只是以强弩射杀曹兵。曹军非常惊骇，自相践踏，落入汉水中死了很多。第二天一早，刘备亲自来到赵云的兵营，察看了昨天的战场，说："子龙真的浑身是胆啊！"

曹操与刘备对峙了一个月，曹军有很多人逃跑。夏季，五月，曹操率领所有进攻汉中的军队撤回长安，刘备也因此占据了汉中。

【原文】

秋，七月，刘备自称汉中王，设坛场于沔阳，陈兵列众，群臣陪位，读奏讫，乃拜受玺绶，御王冠。因驿拜章，上还所假左将军、宜城亭侯印绶。立子禅为王太子。拔牙门将军义阳魏延为镇远将军，领汉中太守，以镇汉川。备还治成都，以许靖为太傅，法正为尚书令，关羽为前将军，张飞为右将军，马超为左将军，黄忠为后将军，馀皆进位有差。

【译文】

秋季的七月，刘备自称为汉中王，在沔阳设立坛场，布置军队排成列阵，群臣都来陪从，读过奏章，于是跪拜接受汉中王的印玺绶带，戴上王冠。由驿使呈上奏章，归还以前授予的左将军、宜城亭侯的印绶。儿子刘禅被立为王太子。牙门将军义阳人魏延被提拔为镇远将军，兼汉中太守，镇守汉川。刘备则回到成都主持各项政务，提拔许靖为太傅，提拔法正为尚书令，关羽为前将军，张飞为右将军，马超为左将军，黄忠为后将军，其余的人按照等级也都有升迁。

吴下阿蒙（卷六十八◎汉纪六十）

【原文】

孝献皇帝癸建安二十四年

初，鲁肃尝劝孙权以曹操尚存，宜且抚辑关羽，与之同仇，不可失也。及吕蒙代肃屯陆口，以为羽素骁雄，有兼并之心，且居国上流，其势难久，密言于权曰："今令征虏守南郡，潘璋住白帝，蒋钦将游兵万人循江上下，应敌所在，蒙为国家前据襄阳，如此，何忧于操，何赖于羽！且羽君臣矜其诈力，所在反覆，不可以腹心待也。今羽所以未便东向者，以至尊圣明，蒙等尚存也。今不于强壮时图之，一旦僵仆，欲复陈力，其可得邪！"权曰："今欲先取徐州，然后取羽，何如？"对曰："今操远在河北，抚集幽、冀，未暇东顾，徐土守兵，闻不足言，往自可克。然地势陆通，骁骑所骋，至尊今日取徐州，操后旬必来争，虽以七八万人守之，犹当怀忧。不如取羽，全据长江，形势益张，易为守也。”权善之。

【译文】

汉献帝建安二十四年（己亥，公元219年）

起初，鲁肃曾劝说过孙权，由于曹操势力尚在，应暂且安抚并结交关羽，和他共同对敌，不能失去和睦。等吕蒙代替鲁肃驻军陆口，认为关羽一贯勇猛雄武，怀有兼并江南的野心，更何况他的军队驻扎在孙权势力的上游，这种形势很难维持多久，便秘密告诉孙权说：“假如现在命令征虏将军孙皎守南郡，潘璋驻守白帝，蒋钦率领机动部队一万人沿长江上下行动，哪里有敌人，就在哪里作战，而我在我方的上游据守襄阳，这样，不必害怕曹操，何必依赖关羽！何况关羽君臣自负，且诡诈反复无常，不可以真心相待。现在关羽没有立即向东进攻我们，是因为您圣贤英明，以及我和其他将领们还在。应趁现在我们强壮时解除这一后患，如果一旦我们死去，再想与他作战，这还有可能吗?”孙权说：“现今，我准备先攻取徐州，然后再攻打关羽，怎么样?”吕蒙回答说：“如今曹操远在黄河以北，安抚幽州、冀州，没有时间考虑东部的事情，其余地区的守军，不用费多大的力气，前去进攻，就可以打败。可是陆地交通方便，适合骁勇的骑兵驰骋，您今天夺取了徐州，曹操十天之后必定会来

争夺，尽管有七八万人防守，可仍然会令人担忧。不如先打败关羽，将长江上下游全部占据，使我们的实力更加强大，也就容易守卫了。”孙权非常赞同吕蒙的建议。

【原文】

权尝为其子求婚于羽，羽骂其使，不许昏，权由是怒。及羽攻樊，吕蒙上疏曰：“羽讨樊而多留备兵，必恐蒙图其后故也。蒙常有病，乞分士众还建业，以治疾为名，羽闻之，必撤备兵，尽赴襄阳。大军浮江昼夜驰上，袭其空虚，则南郡可下而羽可禽也。”遂称病笃。权乃露檄召蒙还，阴与图计。蒙下至芜湖，定威校尉陆逊谓蒙曰：“关羽接境，如何远下，后不当可忧也?”蒙曰：“诚如来言，然我病笃。”逊曰：“羽矜其骁气，陵轹于人，始有大功，意骄志逸，但务北进，未嫌于我，有相闻病，必益无备。今出其不意，自可禽制。下见至尊，宜好为计。”蒙曰：“羽素勇猛，既难为敌，且已据荆州，恩信大行，兼始有功，胆势益盛，未易图也。”蒙至都，权问：“谁可代卿者?”蒙对曰：“陆逊意思深长，才堪负重，观其规虑，终可大任，而未有远名，非羽所忌，无复是过也。若用之，当令外自韬隐，内察形便，然后可克。”权乃召逊，拜偏将军、右部督，以代蒙。逊至陆口，为书与羽，称其功美，深自谦抑，为尽忠自托之意。羽意大安，无复所嫌，稍撤兵以赴樊。逊具启形状，陈

其可擒之要。

【译文】

孙权以前曾为自己的儿子向关羽的女儿求亲，而关羽却骂了孙权的使者，拒绝联姻，孙权因此怀恨在心。等关羽攻打樊城，吕蒙向孙权上书说："关羽征讨樊城，却留下许多军队防守，一定是担忧我从后面攻击他。我常常有病，请求您允许我以治病为名，率一部分士兵回建业，关羽知道后，一定会撤走防守的军队，将全部兵力调往襄阳。我军昼夜乘船溯长江而上，趁他防守空虚时攻打他，南郡就可攻取，关羽到时也会被我擒获。"于是，吕蒙自称病重。孙权则公开发布命令召吕蒙返回，却暗中和他进行策划。吕蒙顺江而下至芜湖时，定威校尉陆逊对吕蒙说："关羽和您的防区相邻，为什么会远远离开呢？以后不会为此而担忧吗？"吕蒙说："确实像您说的那样，可我病得真很严重。"陆逊说："关羽自负骁勇，欺压他人，才刚刚取得大功，就骄傲自大，一心致力向北攻进，对我军没有任何怀疑，又听说您病得很严重，必然更无防备，如果出其不意，就可以将他擒服。如果您见到了主公，应该妥善筹划此事。"吕蒙说："关羽向来勇猛善战，我们很难与他对敌，何况他已占据荆州，大施恩德和信义，再加上他刚刚取得胜利，胆略和气势十分旺盛，不好对付。"吕蒙回到建业，孙权询问："谁可以接替

你?”吕蒙回答说：“陆逊思虑深远，有能力担负重任，是一个人才。而且他名声不大，不是关羽所顾忌的人，没有什么人比他更加合适了。如果重用他，应该让他在外隐藏锋芒，在里观察形势，寻找最佳时机，然后再向敌人攻击，就可取得成功。”孙权便召来陆逊，任命他为偏将军、右部督，以接任吕蒙。陆逊至陆口，写信给关羽，称颂关羽的功德，深深地自我谦恭，表示愿意尽忠和托付自己的前程。关羽为此感到很放心，不再有任何疑心，便逐渐撤出防守的军队赶赴樊城。陆逊把全部战况向孙权做了汇报，讲述可以擒服关羽的关键所在。

败走麦城（卷六十八◎汉纪六十）

【原文】

汉献帝建安二十四年

孙权为笺与魏王操，请以讨羽自效，及乞不漏，令羽有备。操问群臣，群臣咸言宜密之。董昭曰："军事尚权，期于合宜。宜应权以密，而内露之。羽闻权上，若还自护，围则速解，便获其利。可使两贼相对衔持，坐待其敝。秘而不露，使权得志，非计之上。又，围中将吏不知有救，计粮怖惧，傥有他意，为难不小。露之为便。且羽为人强梁，自恃二城守固，必不速退。"操曰："善！"即敕徐晃以权书射著围里及羽屯中，围里闻之，志气百倍。羽果犹豫不能去。

【译文】

汉献帝建安二十四年（己亥，公元219年）

孙权写信给魏王曹操，请求他讨伐关羽，为朝廷效力，并请求不要把消息透露出去，使关羽有所防备。曹操问群臣，群臣都说应该保密。而董昭却说："军事行动注重权变，要求合乎时宜。我们应该答应孙权为他保密，却暗中将消息透露出去。关羽看到孙权来信的内容后，如果要回兵保护自己，樊城的围攻就可迅速解除，我们便可获胜。与此同时，还使孙权、关羽像两匹勒住马衔的斗马一样，相互对打却不能动弹，我们可以等到他们筋疲力尽。如果保守秘密不透露，使孙权得意，那就不是上策。再者，被围的将士不知道有救兵，计算城中粮食不够，心中便会担忧。如果再有其他的想法，危害性是不会小的，还是泄露出去较好。何况关羽为人强悍，自恃江陵、公安两城防守坚固，一定不会迅速退兵。"曹操说："说得很好！"立即下令徐晃将孙权的书信用箭射进围城之内和关羽军营中。被围的将士得到书信后，士气迅速增长百倍。关羽果然犹豫不决，不愿意撤兵离去。

【原文】

魏王操自雒阳南救曹仁，群下皆谓："王不亟行，今败矣。"侍中桓阶独曰："大王以仁等为足以料事势不也？"曰："能。""大王恐二人遗力邪？"曰："不然。""然则何为自往?”曰:“吾恐虏众多,而徐晃等势不便耳。”阶曰:“今仁等处重围之中而守死无贰者,诚以大王远为之势也。夫居万死之地,必有死争之心。内怀死争,外有强救,大王案六军以示馀力,何忧于败而欲自往?”操善其言,乃驻军摩陂,前后遣殷署、朱盖等凡十二营诣晃。

关羽围头有屯,又别屯四冢,晃乃扬声当攻围头屯而密攻四冢。欲坏,自将步骑五千出战;晃击之,退走。羽围堑鹿角十重,晃追羽,与俱入围中,破之,傅方、胡修皆死,羽遂撤围退,然舟船犹据沔水,襄阳隔绝不通。

【译文】

魏王曹操从雒阳南下救援曹仁,属下大臣们都说:“大王如不立即行动,如今就要战败了。”只有侍中桓阶说:“大王认为曹仁等人能否算计到目前的形势?”曹操说:“能够。”桓阶又问:“大王害怕曹仁、吕常会不尽全力吗?”回答道:“不是的。”“那么您为什么要亲自去呢?”回答说:“我担心敌人会很多,而徐晃等人力量又不足。”桓阶说:“现如今曹仁等人身处围困之中,可仍旧死守着,却没有半点私心,那是他们认为大王您在远处作外援的缘故。处于即将要死的危险境地,必定有拼死抗争之心。城内将士有拼死抗争之心,城外有强大的救援,大王您控制六军,表现出我们还有多余的军力,又何必担心失败而亲自出征?”曹操同意桓阶的建议,便驻扎在摩陂,先后派遣殷署、朱盖等

共十二营军队到徐晃营里增援。

关羽在围头派有军队驻守，在四冢还有驻军。徐晃便扬言将进攻围头，却秘密攻打四冢。关羽见四冢危急，便亲自率领步、骑兵五千人出战。徐晃迎击，关羽败退。关羽在堑壕前围有十重鹿角，徐晃追击关羽，二人都进入关羽对樊城的包围圈，包围圈被打破，傅方、胡修都被打死，关羽于是撤兵退走，可是关羽的船仍据守沔水，去襄阳的路断绝不通。

【原文】

吕蒙至寻阳，尽伏其精兵𦪇𦨶中，使白衣摇橹，作商贾人服，昼夜兼行。羽所置江边屯候，尽收缚之，是故羽不闻知。糜芳、士仁素皆嫌羽轻己，羽之出军，芳、仁供给军资不悉相及，羽言："还，当治之!"芳、仁咸惧。于是蒙令故骑都尉虞翻为书说仁，为陈成败，仁得书即降。翻谓蒙曰："此谲兵也，当将仁行，留兵备城。"遂将仁至南郡。糜芳城守，蒙以仁示之，芳遂开门出降。蒙入江陵，释于禁之囚，得关羽及将士家属，皆抚慰之，约令军中："不得干历人家，有所求取。"蒙麾下士，与蒙同郡人，取民家一笠以覆官铠。官铠虽公，蒙犹以为犯军令，不可以乡里故而废法，遂垂涕斩之。于是军中震栗，道不拾遗。蒙旦暮使亲近存恤耆老，问所不足，疾病者给医药，饥寒者赐衣粮。羽府藏财宝，皆封闭以待权至。

【译文】

吕蒙到了寻阳，把一些精锐士卒藏在名为𦪇𦨶的船中，让百姓摇橹，穿着商人的衣服，连夜起程，将关羽安排在江边岗哨守望的官兵全部都抓捕起来，所以关羽对吕蒙的行动一概不知。糜芳、士仁一直都不满意关羽小看自己，关羽率兵在外，糜芳、士仁供应的军用物资不能全部送到，关羽说："等我回去后再定你们的罪。"糜芳、士仁都感到很害怕。于是吕蒙命令原骑都尉虞翻写信游说士仁，为其指明得失，士仁收到虞翻的信后，便投降了。虞翻对吕蒙说："这种隐秘的军事行动，应该带着士仁同行，留下军队守城。"于是虞翻带着士仁至南郡。糜芳守城，吕蒙要士仁出来与他见面，糜芳便出来投降了。吕蒙到达江陵，把被囚的于禁释放了，俘虏了关羽及一些将士们的家属，对他们都给以抚慰，对军中下令："不得骚扰百姓和向百姓索取财物。"吕蒙帐下有一名亲兵与吕蒙是同郡人，从老百姓家中拿了一个斗笠遮盖官府的铠甲，铠甲虽然是公物，可吕蒙仍认为他违反了军令，不能因为是老乡而破坏军法，便流着眼泪把这个亲兵处斩了。于是全军震动恐惧，南郡因此道不拾遗。吕蒙还在早晨和晚间派亲信去慰问和抚恤老人，慰问他们生活上有什么困难，给病人送去医药，给饥寒的人赐予衣服和食物。关羽库存的财物、珍宝，全部都被封存起来了，等待孙权前来

定断。

【原文】

关羽闻南郡破，即走南还。曹仁会诸将议，咸曰：“今因羽危惧，可追擒也。”赵俨曰：“权邀羽连兵之难，欲掩制其后，顾羽还救，恐我承其两疲，故顺辞求效，乘衅因变以观利钝耳。今羽已孤迸，更宜存之以为权害。若深入追北，权则改虞于彼，将生患于我矣，王必以此为深虑。”仁乃解严。魏王操闻羽走，恐诸将追之，果疾敕仁如俨所策。

【译文】

关羽听到南郡战败后，马上向南撤退。曹仁召集众将领商量对策，将领们都说：“现今趁关羽危急恐惧，内心恐慌，可派兵进攻，将他生擒。”赵俨说：“孙权原想侥幸趁关羽和我军鏖战之机，乘机进攻关羽后路，又怕关羽率军回救，又怕我军趁其双方两败俱伤时从中取利，所以才言辞和顺地请求为我卖力，不过是想乘时机的变化观望胜败罢了。现今关羽已势力单薄，正仓促奔波，我们更应让他继续存在，去危害孙权。如果对战败的关羽穷追不舍，孙权就将由防备关羽改为给我们制造祸患了，魏王必将对此深感忧虑。”于是，曹仁下令不要再穷追关羽了。魏王曹操知道关羽撤退，害怕将领们追击他，果然立刻给曹仁下命令，情况正像赵俨所说的。

【原文】

关羽数使人与吕蒙相闻，蒙辄厚遇其使，周游城中，家家致问，或手书示信。羽人还，私相参讯，咸知家门无恙，见待过于平时，故羽吏士无斗心。

关羽自知孤穷，乃西保麦城。孙权使诱之，羽伪降，立幡旗为象人于城上，因遁走，兵皆解散，才十馀骑。权先使朱然、潘璋断其径路。十二月，璋司马马忠获羽及其子平于章乡，斩之，遂定荆州。

【译文】

关羽好多次派使者与吕蒙联系，吕蒙每一次都款待关羽的使者，准许他们在城中各处走动，向关羽部下亲属表示慰问，亲自写信托他带走，以作为平安的证明。使者返回后，关羽部属私下向他询问家中情况，得知家中平安无事，所受对待超过从前，因此关羽的将士都无心应战了。

关羽自知孤立困穷，便向西边的麦城退守。孙权派人诱降，关羽假装投降，把幡旗做成人像站在城墙上，然后逃遁，士兵都跑了，跟随他的只有十几名骑兵。孙权已事先命令朱然、潘璋切断了关羽的去路。十二月，潘璋手下的司马马忠在章乡擒获关羽及其儿子关平，将他们杀死，于是，孙权占据了荆州。

孙权降曹（卷六十九◎魏纪一）

【原文】

世祖文皇帝上黄初二年

八月，孙权遣使称臣，卑辞奉章，并送于禁等还。朝臣皆贺，刘晔独曰："权无故求降，必内有急。权前袭杀关羽，刘备必大兴师伐之。外有强寇，众心不安，又恐中国往乘其衅，故委地求降，一以却中国之兵，二假中国之援，以强其众而疑敌人耳。天下三分，中国十有其八。吴、蜀各保一州，阻山依水，有急相救，此小国之利也。今还自相攻，天亡之也，宜大兴师，径渡江袭之。蜀攻其外，我袭其内，吴之亡不出旬日矣。吴亡则蜀弧，若割吴之半以与蜀，蜀固不能久存，况蜀得其外，我得其内乎！"帝曰："人称臣降而伐之，疑天下欲来者心，不若且受吴降而袭蜀之后也。"对曰："蜀远吴近，又闻中国伐之，便还军，不能止也。今备

已怒，兴兵击吴，闻我伐吴，知吴必亡，将喜而进与我争割吴地，必不改计抑怒救吴也。”帝不听，遂受吴降。

于禁须发皓白，形容憔悴，见帝，泣涕顿首。帝慰谕以荀林父、孟明视故事，拜安远将军，令北诣邺谒高陵。帝使豫于陵屋画关羽战克、庞德愤怒、禁降伏之状。禁见。惭恚发病死。

【译文】

魏文帝黄初二年（辛丑，公元221年）

八月，孙权派使者向魏称臣，奏章言辞谦卑，还将于禁等人送还。朝廷大臣都表示祝贺，只有刘晔说：“孙权无怨无故向我投降，一定是内部发生了危机。前不久，他偷袭并杀死了关羽，刘备一定会出动大军讨伐他。孙权外部有强大的敌寇，下属心情不安，又害怕我们乘机攻击，所以才献上土地请求投降，一可防止我们进兵，二可借助我们的援助，加强他自己的地位，迷惑敌人。现今天下三分，我们占有全国土地的十分之八，吴和蜀各自仅保有一个州的地域，凭恃险要，依托长江大湖，有事可以互相救援，这些只是有利于小国的地利。我们应大举进军，直接渡江攻击孙权。蜀从外部攻击，我们从内部袭击，不到十天，吴必亡。吴灭亡，蜀的势力也就单薄了，即使把吴的一块土地割让给蜀，它也不会生存多久，更何况蜀只能得到吴的边远地区，

我们却能得到吴的本土。”文帝说：“有人投降，我们却讨伐他，这样会使天下想投降我们的人产生疑心，不如暂且先接受吴的投降，袭击蜀的后路。”刘晔说：“我们离蜀很远，可接近吴，蜀很清楚我们向它攻击，一退军我们又难以追击；听说我军进攻吴，那吴必败，将会很高兴地立刻向吴进军，同我们争夺、分割吴的疆土，而不会改变计划，抑制自己的怒火去救援吴。”文帝不听，接受了吴国的归降。

于禁的头发胡须全都变白了，面容十分憔悴，看到文帝时，哭泣着下拜叩头。文帝以古代晋国荀林父、秦国孟明视的故事做比喻安慰他，任他为安远将军，要他到邺城去拜谒曹操的陵墓高陵。文帝又事先派人在陵园的屋子里画上关羽得胜、庞德发怒、于禁投降的壁画。于禁看到了这些画，感觉非常惭愧悔恨，最终患病致死。

六出祁山（卷七十一◎魏纪三）

【原文】

烈祖明皇帝上之下太和二年

春，正月，司马懿攻新城，旬有六日，拔之，斩孟达。申仪久在魏兴，擅承制刻印，多所假授；懿召而执之，归于洛阳。

诸葛亮将入寇，与群下谋之，丞相司马魏延曰："闻夏侯楙，主婿也，怯而无谋。今假延精兵五千，负粮五千，直从褒中出，循秦岭而东，当子午而北，不过十日，可到长安。楙闻延奄至，必弃城逃走。长安中惟御史、京兆太守耳。横门邸阁与散民之谷，足周食也。比东方相合聚，尚二十许日，而公从斜谷来，亦足以达。如此，则一举而咸阳以西可定矣。"亮以为此危计，不如安从坦道，可以平取陇右，十全必克而无虞，故不用延计。

【译文】

魏明帝太和二年（戊申，公元228年）

春季，正月，司马懿攻打新城，用了十六天的时间攻下新城，斩杀了孟达。申仪在魏兴郡驻守已经有很长一段时间了，擅自刻制官印，几次假借皇帝旨意授官。司马懿逮捕了他，返回了洛阳。

诸葛亮想要攻打魏国，和部下商量这次军事行动，丞相司马魏延说："听说夏侯楙是魏帝的女婿，生性胆小且没有智谋。请您给我五千人的精锐部队，带着五千人的口粮，直接从褒中道出发，沿着秦岭向东，到子午道后折向北方，最多十天的时间，就可以抵达长安。夏侯楙一听到我突然来到，一定会弃城逃走。长安城就只有御史、京兆太守了。横门邸阁粮仓的存粮以及老百姓逃散剩下的粮食，足以供给军粮。等到魏国在东方集结起军队，还要二十多天的时间，而您从斜谷出来接应，也完全可以抵达。这样，就可以一举平定咸阳以西的地区了。"诸葛亮认为这是危险而不妥的计策，不如安全地从平坦的路上出去，可以稳当地取得陇右地区，有百分之百的把握取胜而且不会有忧虑，所以没有采纳魏延之计。

【原文】

亮扬声由斜谷道取郿。使镇东将军赵云、扬武将军邓芝为疑军，据箕谷。帝遣曹真都督关右诸军军郿。亮身率大军攻祁山，戎陈整齐，号令明肃。始，魏以汉昭烈既死，数岁寂然无闻，是以略无备豫，而卒闻亮出，朝野恐惧。于是天水、南安、安定皆叛应亮，关中响震，朝臣未知计所出。帝曰："亮阻山为固，今者自来，正合兵书致人之术，破亮必也。"乃勒兵马步骑五万，遣右将军张郃督之，西拒亮。丁未，帝行如长安。

【译文】

诸葛亮扬言从斜谷道攻取郿城，命令镇东将军赵云、扬武将军邓芝为疑兵，据守箕谷。明帝派曹真都督关右地区各军驻扎在郿城。诸葛亮亲自统率大军攻击祁山，军阵整齐，号令严明。起先，魏国认为蜀汉昭烈帝刘备已经去世，几年来没有动静，所以放松了戒备，忽然听到诸葛亮要发兵，朝廷和百姓都很恐慌。于是，天水、南安、安定等郡都背叛魏国而响应诸葛亮，关中如同地震，朝廷大臣不知道采纳什么对策。魏明帝说："诸葛亮本来依据山险为固，可现在亲自前来，正像兵书所说招敌前来的策略，我们一定能够战胜诸葛亮。"于是统领步兵和骑兵五万大军，命右将军张郃监管军务，向西抵挡诸葛亮。丁未（二月十八日），明帝到达长安。

【原文】

初，越嶲太守马谡，才器过人，好论军计，诸葛亮深加器异。汉昭烈临终，谓亮曰："马谡言过其实，不可大用，君其察之！"亮犹谓不然，以谡为参军，每引见谈论，自昼达夜。及出军祁山，亮不用旧将魏延、吴懿等为先锋，而以谡督诸军在前，与张郃战于街亭。

谡违亮节度，举措烦扰，舍水上山，不下据城。张郃绝其汲道，击，大破之，士卒离散。亮进无所据，乃拔西县千馀家还汉中。收谡下狱，杀之。亮自临祭，为之流涕，抚其遗孤，恩若平生。蒋琬谓亮曰："昔楚杀得臣，文公喜可知也。天下未定而戮智计之士，岂不惜乎！"亮流涕曰："孙武所以能制胜于天下者，用法明也，是以扬干乱法，魏绛戮其仆。四海分裂，兵交方始，若复废法，何用讨贼邪！"

【译文】

起先，越嶲太守马谡才气和抱负超过常人，爱好议论军事谋略，诸葛亮非常器重他。昭烈帝刘备临终时对诸葛亮说："马谡言语浮夸，不可重用，您要对他多加观察。"而诸葛亮却不这样认为，而是让马谡做了参军，常常召见他一起谈论，一谈就是一整夜。等到出兵祁山，诸葛亮不用魏廷、吴懿等为先锋，而是让马谡统领各军在前，与张郃在街亭作战。

马谡没有遵照诸葛亮的指挥调度，军事行动杂乱无序，放弃水源上山驻扎，不在山下据守城邑。张郃切断马谡军取水的道路，发动攻击并大败马谡，蜀军溃散。诸葛亮进军没有据点，无奈之下只有攻取西县一千多人家回到汉中。命令把马谡关进监狱，斩杀了他。诸葛亮亲自吊丧，为他痛哭流涕，安抚他的子女，如同平常一样对待他们。蒋琬对诸葛亮说：“古时候晋国同楚国交战，楚国杀了大将得臣，晋文公非常高兴。现在天下没有平定，而杀了智谋之士，难道不感到可惜吗?”诸葛亮流着眼泪说：“孙武能够杀敌而取胜于天下的缘由，是用法严明，所以晋悼公的弟弟扬干犯法，魏绛就杀了为他驾车的人。现在天下大乱，交战刚刚开始，如果又废弃法规，怎么能讨伐敌人呢?”

【原文】

谡之未败也，裨将军巴西王平连规谏谡，谡不能用。及败，众尽星散，惟平所领千人鸣鼓自守，张郃疑其有伏兵，不往逼也，于是平徐徐收合诸营遗迸，率将士而还。亮既诛马谡及将军李盛，夺将军黄袭等兵，平特见崇显，加拜参军，统五部兼当营事，进位讨寇将军，封亭侯。亮上疏请自贬三等，汉主以亮为右将军，行丞相事。

是时赵云、邓芝兵亦败于箕谷，云敛众固守，故不大伤，云亦坐贬为镇军将军。亮问邓芝曰："街亭军退，兵将不复相录，箕谷军退，兵将初不相失，何故？"芝曰："赵云身自断后，军资什物，略无所弃，兵将无缘相失。"云有军资馀绢，亮使分赐将士，云曰："军事无利，何为有赐！其物请悉入赤岸库，须十月为冬赐。"亮大善之。

【译文】

在马谡还没有战败时，裨将军巴西人王平多次劝说马谡，可马谡就是不听，等到失败时，蜀军部众四散，只有王平率领的一千人擂响战鼓，把守营地，张郃怕有埋伏，不敢往前逼近。于是王平慢慢地收集各部散乱的士兵，率领人马返回。诸葛亮杀了马谡和将军李盛，还强夺了将军黄袭等人的兵权，王平的名声地位显著提高，诸葛亮又提拔他为参军，统领五部兵马和营屯之事，官升讨寇将军，封为亭侯。诸葛亮上书请求将自己贬降三级，后主任命诸葛亮为右将军，兼理丞相的职务。

此时赵云、邓芝的部队也在箕谷战败，赵云收敛部队坚守，所以损伤不大，但也被贬为镇军将军。诸葛亮问邓芝说："街亭失利，大军败退，兵将不可再收拾，箕谷战败部队撤退，兵将依旧齐整如先，是什么原因呢？"邓芝说："赵云将军亲自在部队后面拒敌，军需物资一点都没有抛弃，兵将没有什么理由可以散乱。”赵云有些军资和剩余的绢帛，诸葛亮让赵云把它们分赐给将士，赵云说：“军事上没有胜利，怎么能赏赐呢？请将这些物资存放到赤岸仓库里，等到十月再将它们作为过冬物资赏赐给将士们。”诸葛亮非常赞同这个建议。

【原文】

或劝亮更发兵者，亮曰：“大军在祁山、箕谷，皆多于贼，而不破贼，乃为贼所破，此病不在兵少也，在一人耳。今欲减兵省将，明罚思过，校变通之道于将来，若不能然者，虽兵多何益！自今已后，诸有忠虑于国，但勤攻吾之阙，则事可定，贼可死，功可跻足而待矣。”于是考微劳，甄壮烈，引咎责躬，布所失于境内，厉兵讲武，以为后图，戎士简练，民忘其败矣。

亮之出祁山也，天水参军姜维诣亮降。亮美维胆智，辟为仓曹掾，使典军事。

【译文】

有人劝诸葛亮再次出兵，可诸葛亮说：“大军在祁山、箕谷的时候，都多于敌军，可没有打败敌人，反而被敌人打败，问题不在于兵力多少，而在于指挥的将领。现在我打算减少兵将，赏罚分明，多反思失败的原因，以便以后遇到这种困难有好的应对办法。如果不能这样，即使兵力再多也没有什么用的！从今往后，凡是一心为国家分忧效忠的人，只要能够多多批评我的过错，那么大事就可以安定，敌人就可以被打败，大功就指日可待了。”于是考察有功将士，连微小的功劳也不遗漏，对壮烈之士一一加以甄别，引过自责，把自己的过失公开宣布，练兵讲武，为将来作准备，使将士精简干练，让民众忘掉以往的失败。

诸葛亮出兵祁山时，天水参军姜维向诸葛亮投降了。诸葛亮很看重姜维的胆识，任用他做仓曹掾，让他掌管军事。

【原文】

十二月，亮引兵出散关，围陈仓，陈仓已有备，亮不能克。亮使郝昭乡人靳详于城外遥说昭，昭于楼上应之曰：“魏家科法，卿所练也；我之为人，卿所知也。我受国恩多而门户重，卿无可言者，但有必死耳。卿还谢诸葛，便可攻也。”详以昭语告亮，亮又使详重说昭，言“人兵不敌，无为空自破灭。”昭谓详曰：“前言已定矣，我识卿耳，箭不识也。”详乃去。亮自以有众数万，而昭兵才千馀人，又度东救未能便到，乃进兵攻昭，起云梯冲车以临城。昭于是以火箭逆射其梯，梯然，梯上人皆烧死；昭又以绳连石磨压其冲车，冲车折。亮乃更为井阑百尺以射城中，以土丸填堑，欲直攀城，昭又于内筑重墙。亮又为地突，欲踊出于城里，昭又于城内穿地横截之。昼夜相攻拒二十馀日。

曹真遣将军费耀等救之。帝召张郃于方城，使击亮。帝自幸河南城，置酒送郃，问郃曰：“迟将军到，亮得无已得陈仓乎？”郃知亮深入无谷，屈指计曰：“比臣到，亮已走矣。”郃晨夜进道，未至，亮粮尽，引去。将军王双追之，亮击斩双。诏赐郝昭爵关内侯。

【译文】

十二月，诸葛亮率领大军从散关出发，围攻陈仓，而陈仓对此却早已有防备，诸葛亮没能攻下来。诸葛亮让魏军守城将领郝昭的同乡靳详在城外劝说郝昭，郝昭在城楼上对靳详说：“魏国的法律，您是清楚的，我的为人您也是了解的。我深受国恩，而且门第崇高，您不用再说了，只有一死而已。您回去请告诉诸葛亮，让他来攻打吧。”靳详把郝昭的话告诉了诸葛亮，诸葛亮又让靳详再一次劝告郝昭，说：“兵众悬殊，抵挡不住，你何必要白白自取毁灭呢？”郝昭对靳详说：“前面我已说过了，我认识您，但是箭可不认识您。”靳详只好返回。诸葛亮认为自己有几万兵马，而郝昭仅有一千多兵众，又算到东来的救援未必能及时赶到，于是就进军攻打郝昭，架起云梯、出动冲车进逼城池。郝昭便以火箭迎射汉军的云梯，云梯燃烧起来，梯上的人全都被烧死了。郝昭又用绳子系上石磨，掷击汉军的冲车，冲车被击

毁。诸葛亮制作了百尺高的“井”字形木栏，以向城中射箭，用土块填塞护城的壕沟，想直接攀登城墙，郝昭就又在城内筑起一道城墙。诸葛亮又挖地道，想从地道进入城内，郝昭就在城内挖横向地道进行拦截。昼夜防守，维持了二十多天。

曹真派将军费耀等率军援救郝昭。明帝又在方城召见张郃，命他攻打诸葛亮。明帝亲自来到河南城，摆下酒席为张郃送行，问张郃说：“等将军赶到时，诸葛亮是不是已经夺了陈仓呢?”张郃知道诸葛亮深入交战而缺少粮食，屈指算了一下说：“等我到了那里，诸葛亮应该已撤走了。”张郃日夜兼程地赶路，可还没到达那里，诸葛亮的粮食已经用尽，已领兵退去了，将军王双追赶，反被诸葛亮斩杀。明帝颁布诏书赐给郝昭关内侯的爵位。

智星陨落（卷七十二◎魏纪四）

【原文】

烈祖明皇帝青龙二年

亮遣使者至懿军，懿问其寝食及事之烦简，不问戎事。使者对曰："诸葛公夙兴夜寐，罚二十以上，皆亲览焉，所啖食不至数升。"懿告人曰："诸葛孔明食少事烦，其能久乎！"

亮病笃，汉使尚书仆射李福省侍，因谘以国家大计。福至，与亮语已，别去，数日复还。亮曰："孤知君还意，近日言语虽弥日，有所不尽，更来求决耳。公所问者，公琰其宜也。"福谢："前实失不谘请，如公百年后，谁可任大事者，故辄还耳。乞复请蒋琬之后，谁可任者？"亮曰："文伟可以继之。"又问其次，亮不答。

是月，亮卒于军中。长史杨仪整军而出。百姓奔告司马懿，懿追之。姜维令仪反旗鸣鼓，若将向懿者，懿敛军退，不敢偪。于是仪结陈[①]而去，入谷然后发丧。百姓为之谚曰："死诸葛走生仲达。"懿闻之，笑曰："吾能料生，不能料死故也。"懿按行亮之营垒处所，叹曰："天下奇才也！"追至赤岸，不及而还。

【注释】

①陈：同"阵"。

【译文】

魏明帝青龙二年（甲寅，公元234年）。

诸葛亮派使节到司马懿军中去，司马懿向使者查问诸葛亮的睡觉、饮食和办事多少，不打听军事情况。使者回答道："诸葛公早起晚睡，凡是二十杖以上的责罚，都亲自过问，所吃的饭食不到几升。"司马懿告诉别人说："诸葛孔明进食少而事务多，他还能活多长时间呢！"

诸葛亮病得很严重，汉后主命令尚书仆射李福前来问候，同时又询问国家大事。李福来到军营和诸葛亮谈完话，便告辞而退，过了几天又回来了。诸葛亮说："我知道您这次来的意图，近日虽然整日说话，有些事还没有交代清楚，所以你又来听取决定了。你所要问的事，蒋琬适合。"李福道歉说："以前确实不曾询问，如您百年之后，谁可以担负重任，所以又一次来打扰您了。请问蒋琬之后，谁可承担重任？”诸葛亮说：“费祎可以继任。”又问费祎之后谁可继任？诸葛亮却没有回答。

当月，诸葛亮在军中逝世，长史杨仪集结完军队就告辞了。一名将士跑去报告司马懿，司马懿急忙追赶汉军。姜维命令杨仪调转战旗方向，擂响战鼓，像是即将要对司马懿进攻。司马懿收军后退，不敢向前进。于是杨仪结阵离去，进入斜谷之后才发丧。百姓为此事编了一句谚语说：“死诸葛吓走活仲达。”司马懿听到后，笑着说：“我能够想到诸葛亮活着时的情况，却想不到诸葛亮死后的变化。”司马懿到诸葛亮驻军营垒处所观看，非常感叹地说：“真是天下的奇才啊！”追到赤岸，但没能追上蜀军，就只能返回了。

吴主荒淫（卷八十◎晋纪二）

【原文】

咸宁五年

吴有鬼目菜，生工人黄耉家；有买菜，生工人吴平家。东观案图书，名鬼目曰芝草，买菜曰平虑草。吴主以耉为侍芝郎，平为平虑郎，皆银印青绶。

吴主每宴群臣，咸令沉醉。又置黄门郎十人为司过，宴罢之后，各奏其阙失，迕视谬言，罔有不举，大者即加刑戮，小者记录为罪，或剥人面，或凿人眼。由是上下离心，莫为尽力。

益州刺史王濬上疏曰："孙晧荒淫凶逆，宜速征伐。若一旦晧死，更立贤主，则强敌也。臣作船七年，日有朽败。臣年七十，死亡无日。三者一乖，则难图也。诚愿陛下无失事机。"帝于是决意伐吴。会安东将军王浑表孙晧欲北上，边戍皆戒严，朝廷乃更议明年出师。王濬参军何攀奉使在洛，上疏称："皓必不敢出，宜因戒严，掩取甚易。"

【译文】

咸宁五年（己亥，公元279年）

吴国发现有鬼目菜生长在工人黄耇家里；又发现了买菜，生长在工人吴平家里。负责管理国家图书的官吏，考查书籍，给鬼目菜命名叫芝草，给买菜命名叫平虑草。吴主任命黄耇为侍芝郎、吴平为平虑郎，给予他们银印和青色的绶带。

吴主每一次宴会都要把大臣们灌醉。他安排了黄门郎十人，专门负责搜查大臣们的过失。每次宴会结束后，这十个人就向吴主汇报大臣们的过失，凡是大臣中有抵触的、说了错话的，都向吴主举报，严重的被判刑、处死，轻的也要当作罪状记录下来，有的甚至把脸上的皮都给剥下来，还有的被挖掉眼睛。所以朝廷上下人心离散，没有人肯为吴主卖力。

晋国益州刺史王濬上疏说："孙皓荒淫，凶暴无常，应该马上征讨他。如果孙皓死了，吴国又立了一个贤明的君王，那么他们就会成为我们的强敌了。我造船已经有七年了，每天都有船因腐烂而毁坏，我年已七十，没有几天可活的了。这三点只要一点失误，那么伐吴的大事就很难实现。我真诚地希望陛下不要失去这次时机。"晋武帝于是下定决心伐吴。此时，安东将军王浑上表说，孙晧要北上，吴国边境地区已经戒备森严。朝廷于是又商议明年再出兵。王濬的参军何攀奉命出使正在洛阳，他上疏说："孙晧肯定不敢出兵，应当乘着吴国戒严而突然袭击，这样才能更加容易取胜。"

三国归晋（卷八十一◎晋纪三）

【原文】

世祖武皇帝中太康元年

杜预向江陵，王浑出横江，攻吴镇、戍，所向皆克。二月，戊午，王濬、唐彬击破丹阳监盛纪。吴人于江碛要害之处，并以铁锁横截之，又作铁锥，长丈馀，暗置江中，以逆拒舟舰。濬作大筏数十，方百馀步，缚草为人，被甲持仗，令善水者以筏先行，遇铁锥，锥辄著筏而去。又作大炬，长十馀丈，大数十围，灌以麻油，在船前，遇锁，然炬烧之，须臾，融液断绝，于是船无所碍。庚申，濬克西陵，杀吴都督留宪等。壬戌，克荆门、夷道二城，杀夷道监陆晏。杜预遣牙门周旨等帅奇兵八百泛舟夜渡江，袭乐乡，多张旗帜，起火巴山。吴都督孙歆惧，与江陵督伍延书曰："北来诸军，乃飞渡江也。"旨等伏兵乐乡城外，歆遣军出拒王濬，大败而还。旨等发伏兵随歆军而入，歆不觉，直至帐下，虏歆而还。乙丑，王濬击杀吴水军都督陆景。杜预进攻江陵，甲戌，克之，斩伍延。于是沅、湘以南，接于交、广，州郡皆望风送印绶。预杖节称诏而绥抚之。凡所斩获吴都督、监军十四，牙门、郡守百二十馀人。胡奋克江安。

【译文】

晋武帝太康元年（庚子，公元280年）

杜预向江陵进攻，王浑从横江发兵，进攻吴的兵镇及边防营垒，攻无不克。二月戊午（初一），王濬、唐彬击败了丹阳监盛纪。吴国人把江边浅滩上的要害区域用铁锁拦住，还建造了一丈多长的大铁锥，暗中放在江里，用来阻挡战船。王濬建造了几十个大木筏，每一个木筏长、宽都有一百多步。让人扎了很多草人，草人披铠甲，拿兵器，放在大木筏上，让善于泅水的战士撑着木筏先行，遇到铁锥，铁锥便扎在木筏上，被木筏带走了。王濬又建造了很多大火把，有十几丈长，有几十围粗，用麻油浇在火把上，将火把放在船的前面，遇到铁锁就点着火把，没多长时间，铁锁就被火把烧得融化而裂开，于是战船就无所阻挡了。庚申（初三），王濬攻进了西陵，杀死了吴军都督留宪等人。壬戌（初五），又攻下了荆门、夷道两座城，杀了夷道监陆晏。杜预命令牙门周旨等人率领八百名奇兵在夜里泛舟渡过长江，袭击乐乡，周旨树起了很多旗帜，又在巴山点起火堆。吴军都督孙歆十分害怕，写信给江陵都督伍延说："从北边过来的军队，是飞渡过江的。"周旨等人把军队埋伏在乐乡城外。孙歆发兵出城去攻打王濬，结果失败而回。周旨等人让伏兵尾随孙歆的军队进了城，孙歆却没有觉察，周旨的兵一直到了孙歆的帐幕之下，活擒孙歆而回。乙丑（初八），王浚战胜了吴水军都督陆景，将他杀死。杜预攻进江陵，甲戌（十七日），攻克了江陵，杀了伍延。此时，沅、湘以南地区以及地界相接的交、广等州郡，都闻声把印绶送来。杜预手持符节按照皇帝的诏命安抚这些州郡。到此时为止，晋军总共俘获、斩杀吴都督、监军十四人，牙门、郡守一百二十多人。胡奋又攻下了江安。

【原文】

杜预与众军会议，或曰："百年之寇，未可尽克，方春水生，难于久驻，宜俟来冬，更为大举。"预曰："昔乐毅藉济西一战以并强齐，今兵威已振，譬如破竹，数节之后，皆迎刃而解，无复著手处也。"遂指授群帅方略，径造建业。

【译文】

杜预与各位将领商量，有人说："百年的寇贼，是不可能一下子都被消灭完的，此时正是春季，有雨水，军队难以长时间驻扎，最好等到冬季来临再大举出兵。”杜预说：“从前，乐毅凭借济西一仗而一举攻下了强大的齐国。眼下，我军兵威已振，这就好比用刀子破竹，破开数节之后，其他的就都迎刃而解，不会再有吃力的地方了。”随后，指点传授众位将领计划谋略，径直向建业进攻。

【原文】

吴主闻王浑南下，使丞相张悌督丹阳太守沈莹、护军孙震、副军师诸葛靓帅众三万渡江逆战。至牛渚，沈莹曰：“晋治水军于蜀久矣，上流诸军，素无戒备，名将皆死，幼少当任，恐不能御也。晋之水军必至于此，宜畜众力以待其来，与之一战，若幸而胜之，江西自清。今渡江与晋大军战，不幸而败，则大事去矣！”悌曰：“吴之将亡，贤愚所知，非今日也。吾恐蜀兵至此，众心骇惧，不可复整。及今渡江，犹可决战。若其败丧，同死社稷，无所复恨。若其克捷，北敌奔走，兵势万倍，便当乘胜南上，逆之中道，不忧不破也。若如子计，恐士众散尽，坐待敌到，君臣俱降，无一人死难者，不亦辱乎！”

【译文】

吴主孙皓听说王浑领兵南下，就命令丞相张悌督率丹阳太守沈莹、护军孙震、副军师诸葛靓率领部众三万人渡过长江迎战。来到牛渚时，沈莹说：“晋在蜀地整治水军已经有好长一段时间了。我上游各部队，向来没有防备，名将都去世了，只有些年少之人担当重任，恐怕抵挡不住。晋的水军肯定要到这些地方，我们应该集中大家的力量等晋军到来后再与他们打一仗，如果能够取胜，那么长江以北的地区就太平了。如果现在渡江与晋国大军作战，不幸而败，那么大事就全完了。”张悌说：“吴将要亡国，这是无论聪明还是愚笨的人都知道的事实，不是今天才有的事。我害怕蜀地之兵到来时，我军恐惧惊慌，就不可能再整肃起来了。趁着现在渡江，尚且还能与晋军决一死战。如果失败了，就一同为国而亡，也没有什么可遗憾的了；如果能够取胜，那么敌军奔逃，我军声势就将增加，接着就乘胜向南进军，在半路上迎战敌人，那就不愁不能破敌了。如果依了你的计谋，恐怕兵士都会四散奔逃。坐等着敌军到来，君臣一起投降，没有一个人为国而死，这难道不是耻辱吗？”

【原文】

三月，悌等济江，围浑部将城阳都尉张乔于杨荷。乔众才七千，闭栅请降。诸葛靓欲屠之，悌曰：“强敌在前，不宜先事其小，且杀降不祥。”靓曰：“此属以救兵未至，少力不敌，故且伪降以缓我，非真伏也。若舍之而前，必为后患。”悌不从，抚之而进。悌与扬州刺史汝南周浚，结陈相对，沈莹帅丹阳锐卒、刀楯五千，三冲晋兵，不动。莹引退，其众乱，将军薛胜、蒋班因其乱而乘之，吴兵以次奔溃，将帅不能止，张乔自后击之，大败吴兵于板桥。诸葛靓帅数百人遁去，使过迎张悌，悌不肯去，靓自往牵之曰："存亡自有大数，非卿一人所支，奈何故自取死！"悌垂涕曰："仲思，今日是我死日也！且我为儿童时，便为卿家丞相所识拔，常恐不得其死，负名贤知顾。今以身徇社稷，复何道邪！"靓再三牵之，不动，乃流泪放去，行百馀步，顾之，已为晋兵所杀，并斩孙震、沈莹等七千八百级，吴人大震。

【译文】

三月，张悌等人渡过长江，在杨荷围攻王浑的部将、城阳都尉张乔。张乔手下只有七千多人，封闭了栅栏请求投降。诸葛靓想把他们都杀掉，而张悌却说："强敌还在前面，不能先去做无关紧要的事情，何况杀了投降的人是不吉利的。"诸葛靓说："这些人是因为救兵还没有到、力量薄弱抵挡不住，所以才暂且假装投降以拖延时间，他们并不是真正的要投降。如果放了他们，让他们和我们一起攻打敌人，必定会成为后患的。"可张悌不听劝说，安抚他们向前走。张悌与扬州刺史、汝南人周浚，合成阵列相对。沈莹率领丹阳精兵以及手持大刀、盾牌的士兵共五千人，三次向晋兵发起冲锋，却进攻不动。沈莹领兵撤退，部众开始混乱起来了。此时，晋将军薛胜、蒋班乘吴兵混乱的时机攻过来，吴兵接二连三地奔逃溃散，将帅们也控制不住，这时张乔又从背后攻杀过来，结果晋军在板桥大破吴兵。

诸葛靓带着几百人逃跑，他派人去接张悌，张悌不肯离去，诸葛靓又亲自去拉他走，说："存亡自有气数，并不是你一个人所能够支撑的，为什么一定要求死呢?"张悌流着泪说："仲思啊，今日是我死的日子。何况在我小的时候，就被你家丞相诸葛恪所器重、提拔。我常常怕我死得没有意义，辜负了名贤对我的恩情。我今天以身殉国，还有什么好说的呢!"诸葛靓一再地拉他走，可还是拉不动他，于是就流着泪放手走了。大概走了一百多步远，回过头去看到张悌已经被晋兵杀了。同时被斩首的，还有孙震、沈莹等七千八百人。吴国人受到了很大的震动。

【原文】

初，诏书使王濬下建平，受杜预节度，至建业，受王浑节度。预至江陵，谓诸将曰："若濬得建平，则顺流长驱，威名已著，不宜令受制于我，若不能克，则无缘得施节度。"濬至西陵，预与之书曰："足下既摧其西藩，便当径取建业，讨累世之逋寇，释吴人于涂炭，振旅还都，亦旷世一事也!"濬大悦，表呈预书。及张悌败死，扬州别驾何恽谓周浚曰：

"张悌举全吴精兵殄灭于此，吴之朝野莫不震慑。今王龙骧既破武昌，乘胜东下，所向辄克，土崩之势见矣。谓宜速引兵渡江，直指建业，大军猝至，夺其胆气，可不战禽也！"浚善其谋，使白王浑。恽曰："浑闇于事机，而欲慎己免咎，必不我从。"浚固使白之，浑果曰："受诏但令屯江北以抗吴军，不使轻进。贵州虽武，岂能独平江东乎！今者违命，胜不足多，若其不胜，为罪已重。且诏令龙骧受我节度，但当具君舟楫，一时俱济耳。"恽曰："龙骧克万里之寇，以既成之功来受节度，未之闻也。且明公为上将，见可而进，岂得一一须诏令乎！今乘此渡江，十全必克，何疑何虑而淹留不进！此鄙州上下所以恨恨也。"浑不听。

【译文】

当初，晋武帝下诏书，命令王濬攻下建平，接受杜预的节制调度，到了建业，接受王浑的部署、调度。杜预到达江陵，对各位将领说："如果王濬攻下了建平，就会顺长江长驱直进，他的威名已经明显了，就不好让他受我的节制了。假如他不能够取胜，那么我就没有理由不对他施行节制调度了。"王濬到了西陵，杜预写信对他说："您已摧毁了敌人的西部屏障，应马上直取建业，讨伐历代的逃寇，从困难之中解救吴人，整顿部队，返回都城，这也是一件好事。"

王濬看到信后十分兴奋，上表陈述杜预的信。张悌战败身亡时，扬州别驾何恽对周浚说："张悌率领全吴的精兵就是在这里被消灭的，吴国朝野上下没有一人不为此感到恐惧的。现在王濬已攻下了武昌，正乘胜东下，所向无敌，敌人土崩瓦解之势已经显示出来了。我认为，应当马上领兵渡江，直指建业。大军突然到来，必定使敌人胆战心惊，失去勇气作战，我们就可以不战而擒敌了。"周浚同意何恽的计谋，让他去报告王浑。何恽说："王浑不懂得把握时机，他过于谨小慎微，不想使自己有过失而担责，所以他一定不会听从我的建议。"周浚坚持让他去向王浑禀告，王浑果然说："我接受皇帝的命令，只让我驻扎在长江以北，以便抵抗吴军，而并没有让我轻易发兵。你们州的军队虽然勇武，又岂能独自平定江东之地呢！现在如果违反命令擅自发兵，打了胜仗那当然好，如果没有取胜，那么犯下的罪过就很严重了。何况皇帝命令王濬接受我的部署调度，你们所应该做的，只是准备好船和桨，一齐渡江。"何恽说："王濬攻克了万里之敌，他会以功勋的身份来接受您的部署调度？这样的事情我可没有听说过。何况明公您身为上将，抓住好的时机就应立即行动，怎么可以事事都等待命令呢？如果现在乘机渡江，完全有把握取胜，您还考虑什么、顾虑什么而停留不前进呢？这正是使鄙州上上下下的人士抱恨不已的原因。"王浑却不听。

【原文】

王濬自武昌顺流径趣建业，吴主遣游击将军张象帅舟师万人御之，象众望旗而降。濬兵甲满江，旌旗烛天，威势甚盛，吴人大惧。

吴主之嬖臣岑昏，以倾险谀佞，致位九列，好兴功役，为众患苦。及晋兵将至，殿中亲近数百人叩头请于吴主曰："北军日近而兵不举刃，陛下将如之何？"吴主曰："何故？"对曰："正坐岑昏耳。"吴主独言："若尔，当以奴谢百姓！"众因曰："唯！"遂并起收昏。吴主骆驿追止，已屠之矣。

【译文】

王濬从武昌顺着长江直接向建业进攻，吴主命令游击将军张象率领舟师一万人抵抗，张象的部下看到王濬的旌旗就投降了。此时，江中全都是身披铠甲的王濬的士兵，旌旗映照着天空，气势非常盛大威猛，吴人十分害怕。

吴主的宠臣岑昏，由于阴险狡诈、谄媚逢迎而爬上了九卿的位置。他大兴工程劳役，使民众身陷困苦与灾难中。等晋兵就快要到达的时候，宫中亲近的几百名随从官吏向吴主叩头请求说："北方的敌人一天天地逼近了，而我们的士兵却不拿起武器抵抗，陛下您打算怎么办呢？"吴主问："是什么原因？"众人回答说："正是由于岑昏的原因。"吴主只说了一句："要是这样的话，就拿这个奴才去向老百姓谢罪吧！"众人答应："是！"然后从地上爬起来去抓岑昬。等到吴主后悔时，不断地派人去追赶、制止，但岑昬已经被杀死了。

【原文】

陶濬将讨郭马，至武昌，闻晋兵大入，引兵东还。至建业，吴主引见，问水军消息，对曰："蜀船皆小，今得二万兵，乘大船以战，自足破之。"于是合众，授濬节钺。明日当发，其夜，众悉逃溃。

【译文】

陶濬要去征讨郭马，到达了武昌，听说晋兵已大举进逼，就领兵返回东边。到了建业，吴主派人与他见面，向他询问水军的状况。陶濬回答说："蜀地的船很小，现在给臣派二万名士兵，乘大船和他们一起作战，臣一定有把握打败敌人。"于是吴主召集兵员，授予陶濬符节斧钺。原定第二天出发，可在当天晚上，陶濬召集的士兵全都逃跑了。

【原文】

时王浑、王濬及琅邪王伷皆临近境，吴司徒何植、建威将军孙晏悉送印节诣浑降。吴主用光禄勋薛莹、中书令胡冲等计，分遣使者奉书于浑、濬、伷以请降。又遗其群臣书，深自咎责，且曰："今大晋平治四海，是英俊展节之秋，勿以移朝改朔，用损厥志。"使者先送玺绶于琅邪王伷。壬寅，王濬舟师过三山，王浑遣信要濬暂过论事，濬举帆直指建业，报曰："风利，不得泊也。"是日，濬戎卒八万，方舟百里，鼓噪入于石头，吴主皓面缚舆榇，诣军门降。濬解缚焚榇，延请相见。收其图籍，克州四，郡四十三，户五十二万三千，兵二十三万。

【译文】

这时，王浑、王濬以及琅邪王司马伷都已快到建业附近。吴国司徒何植、建威将军孙晏都把印玺、符节送到王浑那里投降了。吴主采用光禄勋薛莹、中书令胡冲等人的计谋，分别命令使者向王浑、王濬、司马伷奉上书信请求投降。吴主又给大臣们写了一封信，在信中深深地怪罪自己，还说："当前，大晋平治四海，这正是优秀人才发挥、施展其气节操守的时期，不要因为改朝换代就丧失了志向。"吴主的使者先把印玺送到琅邪王司马伷那里。壬寅（十五日），王濬的舟师经过三山，王浑派信使邀请王濬过来商量事情，王濬正扬帆直逼建业，回复王浑说："船行正顺风，不便于停下来。"这天，王濬的八万士兵，乘着相连百里的战船，擂鼓呐喊进入石头城。吴主孙皓反绑双手，用马车载着棺材，到军营前投降。王濬为孙皓松了绑，焚烧了棺材，与他相见。晋国收下了吴国的地图、户籍，共攻克了吴的四个州、四十三个郡，获取五十二万三千民户、二十三万名士兵。

【原文】

朝廷闻吴已平，群臣皆贺上寿。帝执爵流涕曰："此羊太傅之功也。"骠骑将军孙秀不贺，南向流涕曰："昔讨逆弱冠以一校尉创业，今后主举江南而弃之，宗庙山陵，于此为墟。悠悠苍天，此何人哉！"

【译文】

晋朝廷听到东吴已平定的消息，大臣们都去庆贺，为晋武帝祝寿。晋武帝手持酒杯流着泪说："这是太傅羊祜的功劳。"骠骑将军孙秀没有和大家一起庆贺，他面朝南方流泪说："从前，先主孙策刚满二十岁，以一个校尉的身份创下了基业，如今后主却把整个江南之地都抛弃了，宗庙陵墓从此将成为废墟。苍天啊，这到底是谁造成的啊！"

【原文】

吴之未下也，大臣皆以为未可轻进，独张华坚执以为必

克。贾充上表称："吴地未可悉定，方夏，江、淮下湿，疾疫必起，宜召诸军还，以为后图。虽腰斩张华不足以谢天下。"帝曰："此是吾意，华但与吾同耳。"荀勖复奏，宜如充表，帝不从。杜预闻充奏乞罢兵，驰表固争，使至轘辕而吴已降。充惭惧，诣阙请罪，帝抚而不问。

是岁，以司隶所统郡置司州，凡州十九，郡国一百七十三，户二百四十五万九千八百四十。

【译文】

起初，还没有攻陷吴国时，大臣们一致认为不能轻易进军，只有张华坚持进军，认为一定能够胜利。贾充当时上表说："吴地不能全都平定，现在正是夏季，长江、淮水下游地区非常潮湿，必定会发生疾病瘟疫，应当把各部队都召集回来，以后再作仔细打算。即使腰斩张华，也不足以向天下人谢罪。"晋武帝说："这正合我意，张华只不过与我的意见相同而已。"荀勖又上奏，大致与贾充的看法一样，晋武帝没有听他们的话。杜预听说贾充上奏请求停止进兵，赶忙上表晋武帝，坚定地争论。信使拿着给晋武帝的表文，飞驰而来，刚走到轘辕时吴国已经投降了。贾充又惭愧又害怕，来到宫里请罪，晋武帝安慰了他，并没有追究下去。

这年，以司隶所统领的郡设置司州，全国一共有十九个州，一百七十三个郡国，二百四十五万九千八百四十户。

南北对峙

淝水之战（卷一百〇五◎晋纪二十七）

【原文】

烈宗孝武皇帝上之下太元八年

秦王坚下诏大举入寇，民每十丁遣一兵，其良家子年二十已下，有材勇者，皆拜羽林郎。又曰："其以司马昌明为尚书左仆射，谢安为吏部尚书，桓冲为侍中，势还不远，可先为起第。"良家子至者三万馀骑，拜秦州主簿赵盛之为少年都统。是时，朝臣皆不欲坚行，独慕容垂、姚苌及良家子劝之。阳平公融言于坚曰："鲜卑、羌虏，我之仇雠，常思风尘之变以逞其志。所陈策画，何可从也！良家少年皆富饶子弟，不闲[①]军旅，苟为谄谀之言以会陛下之意。今陛下信而用之，轻举大事，臣恐功既不成，仍有后患，悔无及也！"坚不听。

【注释】

①闲：熟悉。

【译文】

晋孝武帝太元八年（癸未，公元383年）

前秦王苻坚下达诏令，开始大举侵略东晋，老百姓每十个成年人选一人充军，良家子弟中年龄在二十岁以下、有才能志气的人，全都授官羽林郎。苻坚又说："任命司马昌明为尚书左仆射，谢安为吏部尚书，桓冲为侍中。从这种形势来看，我们凯旋的时间不会很远，可以先为他们修筑宅第。"良家子弟应征的有三万多骑兵，苻坚任命秦州主簿赵盛之为少年都统。这时候，满朝大臣都不想让苻坚出征，唯独慕容垂、姚苌及良家子弟极力怂恿。阳平公苻融向苻坚进言说："鲜卑、羌族这些敌虏，是我们的敌人，时常盼望着风云变化以实现他们的心愿，他们所陈献的方法，怎么能听从呢！良家青年人全都是富豪子弟，不了解军事，只是苟且说些阿谀奉承之言以迎合陛下的心意。现今陛下相信并采用了他们的话，轻率地进行大规模行动，臣害怕既不能成就战功，又会随之产生后患，那时就后悔莫及了！"苻坚没听从。

【原文】

八月，戊午，坚遣阳平公融督张蚝、慕容垂等步骑二十五万为前锋，以兖州刺史姚苌为龙骧将军，督益、梁州诸军事。坚谓苌曰："昔朕以龙骧建业，未尝轻以授人，卿其勉之！"左将军窦冲曰："王者无戏言，此不祥之征也！"坚默然。

慕容楷、慕容绍言于慕容垂曰："主上骄矜已甚，叔父建中兴之业，在此行也！"垂曰："然。非汝，谁与成之！"

【译文】

八月，戊午（初二），苻坚命令阳平公苻融督帅张蚝、慕容垂等人的步、骑兵二十五万人作为前锋，任命兖州刺史姚苌为龙骧将军，督益、梁州诸军事。苻坚对姚苌说："以前我做龙骧将军时建立了大业，却未曾轻易地把这个官位给予别人，你努力点吧！"左将军窦冲说："君无戏言，这话是不祥之兆！"苻坚沉默不说话了。

慕容楷、慕容绍向慕容垂进言说："主上的骄纵傲慢已经很严重，叔父建立中兴大业，就在此行！"慕容垂说："对。除了你们，还有谁能和我一起成就大业呢！"

【原文】

甲子，坚发长安，戎卒六十馀万，骑二十七万，旗鼓相望，前后千里。九月，坚至项城，凉州之兵始达咸阳，蜀、汉之兵方顺流而下，幽、冀之兵至于彭城，东西万里，水陆齐进，运漕万艘。阳平公融等兵三十万，先至颍口。

诏以尚书仆射谢石为征虏将军、征讨大都督，以徐、兖二州刺史谢玄为前锋都督，与辅国将军谢琰、西中郎将桓伊等众共八万拒之，使龙骧将军胡彬以水军五千援寿阳。琰，安之子也。

【译文】

甲子（初八），苻坚发兵长安，将士共有六十多万人，骑兵二十七万人，旌旗战鼓远远对望，绵延千里。九月，苻坚抵达项城，凉州的军队才刚刚抵达咸阳，蜀、汉的军队正顺流而下，幽州、冀州的军队到了彭城，东西万里，水陆并进，运输军粮的船有几万艘。阳平公苻融等人的部队三十万人，先期到达颍口。

东晋孝武帝下达诏令，任命尚书仆射谢石为征虏将军、征讨大都督，任命徐、兖二州刺史谢玄为前锋都督，与辅国将军谢琰、西中郎将桓伊等人的兵力共八万人抵抗前秦军队，让龙骧将军胡彬带领五千水军前往援助寿阳。谢琰是谢安的儿子。

【原文】

是时，秦兵既盛，都下震恐。谢玄入，问计于谢安，安夷然，答曰："已别有旨。"既而寂然。玄不敢复言，乃令张玄重请。安遂命驾出游山墅，亲朋毕集，与玄围棋赌墅。安棋常劣于玄，是日，玄惧，便为敌手而又不胜。安遂游陟①，至夜乃还。桓冲深以根本为忧，遣精锐三千人卫京师。谢安固却之，曰："朝廷处分已定，兵甲无阙，西藩宜留以为防。"冲对佐吏叹曰："谢安石有庙堂之量，不闲将略。今大敌垂至，方游谈不暇，遣诸不经事少年拒之，众又寡弱，天下事已可知，吾其左衽矣！"

【注释】

①陟：升、登。

【译文】

此时，由于前秦的军队强盛，东晋京城里的人震惊恐惧。谢玄入朝，向谢安询问应对之策，谢安摆出一副平静的模样，回答说："我心里有数。"然后就再不说话了。谢玄不敢再追问下去了，就让张玄重新请求对策。谢安就命令驾车出游山间别墅，亲戚朋友大聚会，谢安与谢玄在别墅里下围棋赌赛。谢安的棋术一向不如谢玄，这一天，谢玄由于内心害怕，在有利的形势下投子打劫，不能获胜。谢安登山漫游，直到很晚才回来。桓冲对国家的根基大业深以为忧，命精锐部队三千人入城保卫京师。谢安顽固地阻拦他，说："朝廷已经有决定，士兵武器都不缺乏，应该留在西部边防以作防备。"桓冲对藩府参佐叹息说："谢安有身居朝廷的气量，却不熟悉带兵打仗的方法。现今大难临头，还尽情游玩，高谈阔论不止，只命令未经战事的青年人前去作战，再加上数量不够，力量单薄，天下的结果已经很清楚了，我们将要受外族的统治了！"

【原文】

冬，十月，秦阳平公融等攻寿阳。癸酉，克之，执平虏将军徐元喜等。融以其参军河南郭褒为淮南太守。慕容垂拔郧城。胡彬闻寿阳陷，退保硖石，融进攻之。秦卫将军梁成等帅众五万屯于洛涧，栅淮以遏东兵。谢石、谢玄等去洛涧二十五里而军，惮成不敢进。胡彬粮尽，潜遣使告石等曰："今贼盛粮尽，恐不复见大军！"秦人获之，送于阳平公融。融驰使白秦王坚曰："贼少易擒，但恐逃去，宜速赴之！"坚乃留大军于项城，引轻骑八千，兼道就融于寿阳。遣尚书朱序来说谢石等，以为："强弱异势，不如速降。"序私谓石等曰："若秦百万之众尽至，诚难与为敌。今乘诸军未集，宜速击之；若败其前锋，则彼已夺气，可遂破也。"

【译文】

冬季十月，前秦阳平公苻融等进攻寿阳。癸酉（十八日），攻克了寿阳，活擒了平虏将军徐元喜等人。苻融任命他的参军河南人郭褒为淮南太守。慕容垂攻下了郧城。胡彬听说寿阳被攻破，后退守卫硖石，苻融进军攻打硖石。前秦卫将军梁成等率领五万兵众驻扎在洛涧，沿淮河布防以遏制东面的部队。谢石、谢玄等在距离洛涧二十五里的地方驻扎，由于害怕梁成而不敢向前进兵。胡彬的粮食已耗尽，秘密地命令使者向谢石等报告说："现今贼寇强盛而我的粮食已断绝，怕等不到大军了！"前秦人擒获了胡彬的使者，把他送交给阳平公苻融。苻融急速派使者向前秦王苻坚报告说："现在贼寇力量单薄，很容易战胜他们，现在只怕他们逃跑了，应该立刻率兵赶来。"苻坚于是就把大部队留在项城，带领八千轻装骑兵，日夜兼程地赶到寿阳与苻融会合。苻坚派尚书朱序前去劝说谢石等人："形势强弱悬殊，不如赶快投降。"朱序私底下却对谢石等人说："如果秦国的百万兵众全部到达，的确难以与他们对抗。现今乘着各路军队还未到达，应该立刻攻击他们。如果能战胜他们的前锋

部队，那他们就会丧失了士气，我们最后必定能够打败他们。”

【原文】

秦兵逼肥水而陈，晋兵不得渡。谢玄遣使谓阳平公融曰：“君悬军深入，而置陈逼水，此乃持久之计，非欲速战者也。若移陈少却，使晋兵得渡，以决胜负，不亦善乎！”秦诸将皆曰：“我众彼寡，不如遏之，使不得上，可以万全。”坚曰：“但引兵少却，使之半渡，我以铁骑蹙而杀之，蔑不胜矣！”融亦以为然，遂麾兵使却。秦兵遂退，不可复止，谢玄、谢琰、桓伊等引兵渡水击之。融驰骑略陈，欲以帅退者，马倒，为晋兵所杀，秦兵遂溃。玄等乘胜追击，至于青冈。秦兵大败，自相蹈藉而死者，蔽野塞川。其走者闻风声鹤唳，皆以为晋兵且至，昼夜不敢息，草行露宿，重以饥冻，死者什七、八。初，秦兵少却，朱序在陈后呼曰：“秦兵败矣！”众遂大奔。序因与张天锡、徐元喜皆来奔。获秦王坚所乘云母车及仪服、器械、军资、珍宝、畜产不可胜计。复取寿阳，执其淮南太守郭褒。

【译文】

前秦的军队逼近淝水并布下阵，东晋的军队没有办法渡过。谢玄派使者对阳平公苻融说：“您孤军深入，却迫近淝水部署军阵，这是长久相持的战策，而不是想速战速决的办法。如果能移动兵阵往后撤退，让晋朝的军队得以渡河，以决胜败，这也是一件很好的事。”前秦各将领都说：“我众敌寡，不如控制他们，使他们不能上岸，这样就万无一失了。”苻坚说：“只带领兵众往后退一点，让他们渡河渡到一半，我们再出动铁甲骑兵奋起攻杀，没有不胜的道理！”苻融也同意这样做，然而就挥舞战旗，指挥兵众后退。前秦的军队一退就不可收拾。谢玄、谢琰、桓伊等率领军队渡过河攻打他们。苻融驰马巡视军阵，想来指挥退逃的兵士，没想到战马倒地，苻融被东晋的士兵杀死，前秦的军队很快就崩溃了。谢玄等想乘胜追击，一直追到青冈。前秦的军队大败，互相残杀而死的人，遮蔽山野、堵塞山川。逃跑的人听到刮风的声音和鹤的鸣叫声，都以为是东晋的军队追上了，连夜里也不敢停下来休息，急得不分方向，风餐露宿，冻饿交加，死亡的人十有七八。起先，前秦的军队稍微后撤时，朱序在军阵后面高声呼喊：“秦军被打败了！”士兵们听到后就狂奔乱跑。朱序乘时机与张天锡、徐元喜都来投奔东晋。这一仗缴获了前秦王苻坚所乘坐的装饰着云母的车乘，以及仪服器械、军资、珍宝物产不计其数，又攻下了寿阳，还抓住了前秦的淮南太守郭褒。

【原文】

坚中流矢，单骑走至淮北，饥甚，民有进壶飧、豚髀者，坚食之，赐帛十匹、绵十斤。辞曰："陛下厌苦安乐，自取危困。臣为陛下子，陛下为臣父，安有子饲其父而求报乎！"弗顾而去。坚谓张夫人曰："吾今复何面目治天下乎！"潸然流涕。

谢安得驿书，知秦兵已败，时方与客围棋，摄书置床上，了无喜色，围棋如故。客问之，徐答曰："小儿辈遂已破贼。"既罢，还内，过户限[①]，不觉屐齿之折。

【注释】

①限：门槛。

【译文】

苻坚被乱箭射中，单枪匹马逃到淮河以北，非常饥饿，有百姓送来了盛在碗里的水泡饭和猪肘子，苻坚急忙吃了下去，赏赐给他们十匹布帛、十斤绵。而这些人不要，并说："陛下不喜欢享乐，招致此难。我们是陛下的子民，陛下是我们的君父，哪里有儿子给父亲饭吃还要求报偿的呢！"赏赐的那些东西他们看都没看就离开了。苻坚对张夫人说："如今我还有什么脸面去治理天下呢！"说着便泪流满面。

谢安收到了驿站传递来的书信，知道前秦的军队已经失败了，那时他正与客人下围棋，拿着信放到了床上，没显出一点儿高兴的表情，继续接着下围棋。客人问他什么事，他慢条斯理地回答说："小孩子们已经最终打败了寇贼。"下完棋以后，他返回屋里，过门槛时，兴奋得竟然连屐齿被折断都没有感觉。

魏主纳谏（卷一百一十九◎宋纪一）

【原文】

高祖武皇帝永初三年

魏主服寒食散，频年药发，灾异屡见，颇以自忧。遣中使密问白马公崔浩曰：“属者日食赵、代之分。朕疾弥年不愈，恐一旦不讳，诸子并少，将若之何？其为我思身后之计。”浩曰：“陛下春秋富盛，行就平愈，必不得已，请陈瞽言。自圣代龙兴，不崇储贰，是以永兴之始，社稷几危。今宜早建东宫，选贤公卿以为师傅，左右信臣以为宾友，入总万机，出抚戎政。如此，则陛下可以优游无为，颐神养寿。万岁之后，国有成主，民有所归，奸宄息望，祸无自生矣。皇子焘年将周星，明睿温和。立子以长，礼之大经，若必待成人然后择之，倒错天伦，则召乱之道也。”

魏主复以问南平公长孙嵩。对曰：“立长则顺，置贤则人服；焘长且贤，天所命也。”帝从之，立太平王焘为皇太子，使之居正殿临朝，为国副主。以长孙嵩及山阳公奚斤、北新公安同为左辅，坐东厢，西面；崔浩与太尉穆观、散骑常侍代人丘堆为右弼，坐西厢，东面；百官总己以听焉。

【译文】

宋武帝永初三年（壬戌，公元422年）

北魏国主拓跋嗣服用寒食散，因常年服药而发病，同时各种灾异之事连连出现，为此十分苦恼。就派宦官秘密询问白马公崔浩说：“最近，在赵、代地区发生日食，而朕的病又常年不好，我害怕如果我万一死去，小皇子们都还小，那该怎么办呢？请你为我想想身后的办法。”崔浩回答说：“陛下正值壮年，您的病很快就会治好的；如果您一定要听听我的意见，那我就说几句不一定合理的话。自从我们魏国创立以来，一向不重视选立储君，所以永兴当年发生的宫廷巨变，致使国家险些被倾覆。现在我们亟待要做的就是早早建东宫立太子，遴选贤明的公卿做太子的师傅，让您左右亲信的大臣做他的宾客和朋友，让太子在京师时主持朝政，出京时则统率军队，拯救百姓，讨伐敌人。如果这样做的话，那陛下您就可以安心养病了，不必亲自处理朝政之事，在宫中颐养天年。陛下万年之后，国家有确定的君主，百姓也有所归附，奸佞之徒再也不敢生其他企图，灾祸也无从出现。皇子拓跋焘年将十二岁，聪明过人，性情温和。以长子立为太子，是礼制中的最高原则，如果一定要等到他们长大成人，再在他们中间选择太子，那就很可能废长立幼，使天伦倒错，从而导致天下大乱。”

北魏国主又就立太子的问题征询南平公长孙嵩的意见。长孙嵩回答说：“立长为储君，则名正言顺。选贤为太子，则人心信服。拓跋焘既是长子，又很贤能，这是上天的意思。”拓跋嗣很赞同他们的意见，便下诏立太平王拓跋焘为皇太子，并让他坐在正殿，处理朝中大事，作为国家的副主。拓跋嗣又任命长孙嵩及山阳公奚斤、北新公安同等为左辅官，座位设在东厢，面向西面；命白马公崔浩、太尉穆观、散骑常侍代郡人丘堆为右辅官，座位设在西厢，面向东方，共同辅助太子；百官则居于左右辅官之下，听候派遣。

魏孝文帝（卷一百三十三◎宋纪十五）

【原文】

宋明帝泰始七年

魏显祖聪睿夙成，刚毅有断，而好黄、老、浮屠之学。每引朝士及沙门共谈玄理，雅薄富贵，常有遗世之心。以叔父中都大官京兆王子推沈雅仁厚，素有时誉，欲禅以帝位。时太尉源贺督诸军屯漠南，驰传召之。既至，会公卿大议，皆莫敢先言。任城王云，子推之弟也，对曰："陛下方隆太平，临覆四海，岂得上违宗庙，下弃兆民。且父子相传，其来久矣。陛下必欲委弃尘务，则皇太子宜承正统。夫天下者，祖宗之天下。陛下若更授旁支，恐非先圣之意。启奸乱之心，斯乃祸福之原，不可不惧也。"源贺曰："陛下今欲禅位皇叔，臣恐紊乱昭穆，后世必有逆祀之讥。愿深思任城之言。"东阳公丕等曰："皇太子虽圣德早彰，然实冲幼。

陛下富于春秋，始览万机，奈何欲隆独善，不以天下为心，其若宗庙何！其若亿兆何！”尚书陆馛曰：“陛下若舍皇太子，更议诸王，臣请刎颈殿庭，不敢奉诏！”帝怒，变色；以问宦者选部尚书酒泉赵黑，黑曰：“臣以死奉戴皇太子，不知其他！”帝默然。时太子宏生五年矣，帝以其幼，故欲传位子推。中书令高允曰：“臣不敢多言，愿陛下上思宗庙托付之重，追念周公抱成王之事。”帝乃曰：“然则立太子，郡公辅之，有何不可！”又曰：“陆馛，直臣也，必能保吾子。”乃以馛为太保，与源贺持节奉皇帝玺绂传位于太子。丙午，高祖即皇帝位，大赦，改元延兴。

【译文】

宋明帝泰始七年（辛亥，公元471年）

北魏献文帝拓跋弘从小就聪明过人，刚毅果断，喜爱黄老之学和佛学，常常接见朝廷官员及和尚僧侣，一起谈玄论理，对世俗的荣华富贵十分淡泊鄙夷，常常有离家修行的想法。他认为叔父中都大官、京兆王拓跋子推沉稳、文雅、仁厚，一向有较高的声誉，打算把帝位禅让给他。在当时，太尉源贺率各军驻防在漠南，献文帝立刻传召他回京。源贺抵达时，正举行公卿会议，没有一个人敢先说话。任城王拓跋云是拓跋子推的弟弟，他说：“陛下正逢太平盛世，君临四海，怎么可以对上背弃祖宗，对下抛弃百姓？而且父子相传，由来已久。陛下一定要放掉尘世上的俗务，那么皇太子理应继承先位。天下是祖先的天下，陛下如果把朝廷授予旁支，恐怕不是圣明祖先的本意，将会引起奸人的作乱之心，这是祸福的兆头，不可不格外谨慎。”源贺说：“陛下现在打算让位给皇叔，臣害怕扰乱皇家祖庙祭祀的顺序，后世将讥讽我们逆祀。请陛下三思而后行啊。”东阳公拓跋丕等说：“皇太子虽然神圣恩德早已彰显，可年龄实在太小了，而陛下正当壮年，刚开始亲自主持朝政，为何只顾独善其身，不把天下放在心上？如果那样，皇家祖庙将怎么办！亿万老百姓将怎么办！”尚书陆馛说：“陛下若想弃太子，传位给亲王，我宁可在金銮殿上自刎，也不敢奉诏。”献文帝非常生气，脸色顿变，转过头问宦官选部尚书酒泉人赵黑，赵黑说：“臣以死效忠皇太子，不知其他。”献文帝听了，没有说话。这一年，皇太子拓跋宏仅五岁，献文帝因他年纪很小，所以准备传位给拓跋子推。中书令高允说：“臣不敢多说，愿陛下不忘祖先托付之重，而追念周公辅佐幼主成王的故事。”献文帝说：“那么，让皇太子登基，由各位来辅佐，有什么不可以啊！”又说：“陆馛是忠直之臣，一定能扶保我的儿子。”便任命陆馛为太保，与源贺一同持节，把皇帝的玉玺呈献给皇太子拓跋宏。丙午（二十日），高祖孝文帝就位，宣布大赦，改年号为延兴。

孝文改革（卷一百三十六◎齐纪二）

【原文】

齐武帝永明三年

魏初，民多荫附，荫附者皆无官役，而豪强征敛倍于公赋。给事中李安世上言："岁饥民流，田业多为豪右所占夺，虽桑井难复，宜更均量，使力业相称。又，所争之田，宜限年断，事久难明，悉归今主，以绝诈妄。"魏主善之，由是始议均田。冬，十月丁未，诏遣使者循行州郡，与牧守均给天下之田：诸男夫十五以上受露田四十亩，妇人二十亩，奴婢依良丁；牛一头，受田三十亩，限止四牛。所授之田，率倍之，三易之田，再倍之，以供耕作及还受之盈缩。人年及课则受田，老免及身没则还田。奴婢、牛随有无以还受。初受田者，男夫给二十亩，课种桑五十株；桑田皆为世业，身终不还。恒计见口，有盈者无受无还，不足者受种如法，盈者得卖其盈。诸宰民之官，各随近给公田有差，更代相付，卖者坐如律。

【译文】

齐武帝永明三年（乙丑，公元485年）

北魏建国初年，有很多人自动依附于豪门强族，寻求庇护的人都不用为官府服役，但是，豪强贵族的横征暴敛，比官府征收的捐税还要高出一倍。于是，给事中李安世上书说："每次遇到灾荒，老百姓就四处逃散，他们的田地大多都被豪强贵族们所霸占、掠夺。古代的井田制度难以恢复，使土地平均一些是朝廷应该马上去做的事，以使农夫耕种土地的面积和人口数量对等。另外，对起争执的田产，应该在限定日期内裁断。官司拖得太久又很难明断的田产，一律归现在使用的人，以杜绝欺诈。"孝文帝赞赏李安世的建议，因此开始讨论平均分配田地的方案。冬季，十月丁未（十三日），孝文帝下诏派遣使者分别去各州郡，与各州郡牧守一同推行平均分田制：十五岁以上的男子，每人可以得到四十亩没有种树的农田，女子每人可得土地二十亩；奴仆婢女，按照一般成年人所配给田地的待遇来分配土地；一头牛可得到三十亩农田，但以四头牛为限。所配给的农田，如果是隔一年才耕种一次的贫瘠田地，可增加一倍；如果是隔两年才能耕种一次的田地，可增加两倍，以此调节耕种和还田、受

田的增加与减少。百姓到了应该纳赋的年龄，就分配给土地，年纪已老以及去世之后，土地归还官府。对于奴婢和耕牛，根据奴婢和耕牛数量多少，决定还田或受田。初次受田的人，男子给田二十亩，规定种五十棵桑树；种了桑树的土地，都是世代经营管理，死了以后也不用缴回官府。官府要经常统计人口土地情况，对土地有盈余的农家，不受田也不令他还田；对土地不够的农家，则依照法令增加配给；世代经营的田地，有盈余的人家，可以自由出售土地。各地地方官就在官府附近按照等级配给一份公田，地方官更换时，要把这份公田移交给接任的官员；如果私自卖掉公田，按照法律追究定罪。

【原文】

齐武帝永明四年

春，正月，癸亥朔，魏高祖朝会，始服衮冕。

魏无乡党之法，唯立宗主督护。民多隐冒，三五十家始为一户。内秘书令李冲上言："宜准古法：五家立邻长，五邻立里长，五里立党长，取乡人强谨者为之。邻长复一夫，里长二夫，党长三夫，三载无过，则升一等。其民调，一夫一妇，帛一匹，粟二石。大率十匹为公调，二匹为调外费，三匹为百官俸。此外复有杂调。民年八十已上，听一子不从役。孤独、癃老、笃疾、贫穷不能自存者，三长内迭养食之。”书奏，诏百官通议。中书令郑羲等皆以为不可。太尉丕曰：“臣谓此法若行，于公私有益。但方有事之月，校比户口，民必劳怨。请过今秋，至冬乃遣使者，于事为宜。”冲曰：“‘民可使由之，不可使知之。’若不因调时，民徒知立长校户之勤，未见均徭省赋之益，心必生怨。宜及课调之月，令知赋税之均，既识其事，又得其利，行之差易。”群臣多言：“九品差调，为日已久，一旦改法，恐成扰乱。”文明太后曰：“立三长则课调有常准，苞荫之户可出，侥幸之人可止，何为不可！”甲戌，初立党、里、邻三长，定民户籍。民始皆愁苦，豪强者尤不愿。既而课调省费十馀倍，上下安之。

【译文】

齐武帝永明四年（丙寅，公元486年）

春季，正月，癸亥朔（初一），北魏孝文帝朝见百官时，开始穿戴汉族皇帝的礼服和冕冠。

北魏没有地方基层行政组织，只有大家族的宗主来监督地方行政事务。老百姓大多隐瞒或假冒别人的户籍，有时三五十家才有一个户口。为此，内秘书令李冲上疏说：“应该依据古代的方法：五户设立一个邻长，五邻设立一个里长，五里设立一名党长，选派乡中强干而又谨慎的人担任。邻长家免除一个人的差役，里长家免除两个人的差役，党长家则免除三个人的差役；三年之内没有过失，则加升一级。对老百姓征收的户调，一对夫妇征收一匹帛、两石粟米。大体上十匹交给国库，两匹作为额外追加，三匹作为支付朝廷文武百官的俸禄。除此还有一些杂税。老百姓在八十岁以上的，可以免除一个儿子的差役。孤儿、孤寡老人、残疾人及久病不愈的人、贫穷无法养活自己的人，要由邻长、里长和党长轮流供养。”李冲的奏章呈上去之后，孝文帝诏令文武百官讨论。中书令郑羲等人都认为这些根本就行不通。太尉拓跋丕说：“臣认为，这种办法如果实行，对朝廷和个人都有益处。但是，现在正是征收赋税的时期，校正户籍，百姓一定会因苦而生怨。臣请求过了今年秋季，等到冬季派官员到各地办理，这样做还是比较合适的。”李冲就说：“‘民可使由之，不可使知之。’如果不趁现在征收赋税的时节去办理，老百姓只看到校正户籍的麻烦辛苦，却没有看到减免徭役赋税所带来的好处，一定会心生抱怨。我们应该利用征收赋税的月份，使老百姓知道赋税公平，他们了解到了这一点，又从中得到了一些好处，推行起来要容易得多。”文武百官们却说：“按照九个等级进行征税，已经实行了较长时间，一旦要改变，恐怕会引起一些不必要的骚乱。”最终冯太后说：“设立邻长、里长、党长，田赋捐税也有一定的标准，被包庇隐藏的户口就可以查出，侥幸逃脱的人也可以得到制止，为什么说它行不通呢？”甲戌（十三日），开始建立党长、里长、邻长制度，重新核定百姓的户籍。老百姓开始时为此都愁苦不安，豪强士族们尤其反对。不久，赋税的征收额减少到过去的十几分之一，豪强、百姓这才安下心来。

高祖伐齐（卷一百七十二◎陈纪六）

【原文】

陈宣帝太建七年

周高祖谋伐齐，命边镇益储偫[①]，加戍卒，齐人闻之，亦增修守御。柱国于翼谏曰："疆场相侵，互有胜负，徒损兵储，无益大计。不如解严继好，使彼懈而无备，然后乘间，出其不意，一举可取也。"周主从之。

韦孝宽上疏陈三策。其一曰："臣在边积年，颇见间隙，不因际会，难以成功。是以往岁出军，徒有劳费，功绩不立，由失机会。何者？长淮之南，旧为沃土，陈氏以破亡馀烬，犹能一举平之；齐人历年赴救，丧败而返。内离外叛，计尽力穷，雠敌有衅，不可失也。今大军若出轵关，方轨而进，兼与陈氏共为掎角，并令广州义旅出自三鸦，又募山南骁锐，沿河而下，复遣北山稽胡，绝其并、晋之路。凡此诸军，仍令各募关、河之外劲勇之士，厚其爵赏，使为前驱。岳动川移，雷骇电激，百道俱进，并趋虏庭。必当望旗奔溃，所向摧殄，一戎大定，寔在此机。”

【注释】

①偫：具备、储备。

【译文】

陈宣帝太建七年（乙未，公元575年）

北周武帝计划征讨北齐，下令在边镇增加储备，增添防守的士兵，北齐听到这一消息，也增加并修整据点。北周的柱国于翼向北周武帝劝说道：“相互侵犯国界，各有胜负，白白地损失军队和储备，对大计并没有什么好处。不如解除紧急状态，保持友好关系，使对方松懈而没有准备，然后寻找时机，出其不意，就能一举而取。”北周武帝听从了他的意见。

韦孝宽上书武帝陈述三条计策。第一是：“臣在边地已经很多年了，曾见到不少可乘之机，但是不及时利用，就很难成功。所以往年军队出征，只有劳累耗费，没有取得功绩，都是因为失掉了好的时机。为什么？淮河以南以前是肥沃的地方，陈氏收拾起梁朝破亡后的残余力量，还能一举将它讨平；现在齐人每年去那里援救，都遭到失败而归。现在

齐国内有离心，外有叛乱，计尽力穷，仇敌之间也有了一定的破绽，这种千载难逢的大好机会不能失掉。现在大军如果发兵轵关，两车并行前进，再加上与陈国共同夹击敌人，并且下令广州的义军从三鸦出兵，另外征募山南的勇猛锐利之士沿黄河而下，再派遣北山的稽胡截断对方并州、晋州的通道。以上这些军队，仍旧命令他们各自征募关、河以外的强壮勇敢之士，给予优厚的爵位和赏赐，派他们作为先驱。大军山动河移，像雷电般迅猛激烈，从多条道路齐头并进，直插敌人的心脏，敌人一定望旗奔逃溃败。我军所向之处，敌军都会被我军挫败消灭，一次征伐就能使天下大定，确实在于这次机会。”

【原文】

其二曰：“若国家更为后图，未即大举，宜与陈人分其兵势。三鸦以北，万春以南，广事屯田，预为贮积，募其骁悍，立为部伍。彼既东南有敌，戎马相持，我出奇兵，破其疆场。彼若兴师赴援，我则坚壁清野，待其去远，还复出师。常以边外之军，引其腹心之众。我无宿舂之费，彼有奔命之劳，一二年中，必自离叛。且齐氏昏暴，政出多门，鬻狱卖官，唯利是视，荒淫酒色，忌害忠良，阖境嗷然，不胜其弊。以此而观，覆亡可待。然后乘间电扫，事等摧枯。”

【译文】

第二是："如果国家进一步为以后谋划，一时还不想大举进攻，最好和陈朝一同分散齐国的兵力。在三鸦以北、万春以南一带地方广为屯田，预先储备军粮，招募勇猛强悍的人组成一支军队。齐国的东南有陈朝与它为敌，双方的军队对峙，我方派出奇兵，就能突破齐国的国界。对方如果派军队来增援，我们可以坚壁清野，等他们离去以后，重新出兵。我们经常以边界一带的军队调动对方心腹之间的军事主力。我方无须准备隔夜的粮草，对方却有疲于奔命的劳累，一两年间，对方内部必定出现离心和叛变。况且齐氏昏庸暴虐，政出多门，鬻狱卖官，唯利是图，荒淫酒色，忌害忠良，民不聊生，不胜其弊。由此看来，其灭亡的时间屈指可数。然后寻找空隙发起突然的攻击，就像摧枯拉朽那样，腐朽的敌人很容易就会被打垮的。"

【原文】

其三曰："昔勾践亡吴，尚期十载；武王取纣，犹烦再举。今若更存遵养，且复相时，臣谓宜还崇邻好，申其盟约，安民和众，通商惠工，蓄锐养威，观衅而动。斯乃长策远驭，坐自兼并也。"

【译文】

第三是："昔日勾践要灭亡吴国，尚且需要十年的时间；周武王征讨商纣，还曾出过两次兵。现在如果能暂时退让，等待新的时机，臣认为应当重新表示尊重友邻，重申盟约，安抚百姓，和睦大众，互通贸易，优惠工匠，养精蓄锐，增加声威，等待机会再行动，这好比是用长长的马鞭远远地驾驭拉车的马匹，可以坐待良机，兼并对方。"

【原文】

书奏，周主引开府仪同三司伊娄谦入内殿，从容谓曰："朕欲用兵，何者为先？"对曰："齐氏沉溺倡优，耽昏麹糵。其折冲之将斛律明月，已毙于谗口。上下离心，道路以目。此易取也。"帝大笑。三月，丙辰，使谦与小司寇元卫聘于齐以观衅。

【译文】

韦孝宽的奏书呈上以后，北周武帝把开府仪同三司伊娄谦召进内殿，从容地问他："朕要用兵，以谁为最先的对象？"伊娄谦答道："齐国的执政者沉湎在欣赏歌舞杂耍之中，酷嗜饮酒。他们冲锋陷阵的勇将斛律明月已经死于谗言之中。上下离心离德，百姓慑于暴政，在路上相见时不敢互相交谈，只能以目示意。这是最容易攻取的对象。”武帝大笑。三月，丙辰（初二），武帝派伊娄谦和小司寇元卫访问北齐，借此观察有什么可以利用的机会。

淫逸误国（卷一百七十六◎陈纪十）

【原文】

陈长城公至德二年

是岁，上于光昭殿前起临春、结绮、望仙三阁，各高数十丈，连延数十间，其窗、牖、壁带、县楣、栏、槛皆以沈、檀为之，饰以金玉，间以珠翠，外施珠帘，内有宝床、宝帐，其服玩瑰丽，近古所未有。每微风暂至，香闻数里。其下积石为山，引水为池，杂植奇花异卉。

【译文】

陈长城公至德二年（甲辰，公元584年）

这年，陈后主在皇宫光昭殿前修建临春、结绮、望仙三栋楼阁，楼阁各高数十丈，连延数十间，窗户、壁带、悬楣、栏杆等都是用沉香木和檀香木制成，并用黄金、玉石或者珍珠、翡翠加以修饰，楼阁门窗均外挂珠帘，室内有宝床宝帐，穿戴玩赏的东西瑰奇精美，近古以来所未见。每当微风吹来，沉香木、檀香木香飘数里。阁下堆石成山，引水为池，并不按花草的种类而混杂地种上许多奇花异草。

【原文】

上自居临春阁，张贵妃居结绮阁，龚、孔二贵嫔居望仙阁，并复道交相往来。又有王、李二美人，张、薛二淑媛，袁昭仪、何婕妤、江脩容，并有宠，迭游其上。以宫人有文学者袁大舍等为女学士。仆射江总虽为宰辅，不亲政务，日与都官尚书孔范、散骑常侍王瑳等文士十馀人，侍上游宴后庭，无复尊卑之序，谓之“狎客”。上每饮酒，使诸妃、嫔及女学士与狎客共赋诗，互相赠答，采其尤艳丽者，被以新声，选宫女千馀人习而歌之，分部迭进。其曲有《玉树后庭花》《临春乐》等，大略皆美诸妃嫔之容色。君臣酣歌，自夕达旦，以此为常。

【译文】

陈后主自己居住在临春阁，张贵妃居住在结绮阁，龚、孔两贵嫔居住在望仙阁，通过各楼阁之间的复道互相往来。另外，后宫里还有王美人、李美人、张淑媛、薛淑媛、袁昭仪、何婕妤、江修容，都得到了陈后主的宠爱，也都经常在三座楼阁上游玩宴乐。陈后主又任命宫女中有文采的袁大舍等人为女学士。尚书仆射江总虽然担任宰相，但并不亲自处理政务，每天与都官尚书孔范、散骑常侍王瑳等文士十余人，侍奉后主在后宫游宴，他们与陈后主也不讲尊卑之序，人们都称他们为"狎客"。陈后主每次举办酒宴，就使诸位妃、嫔和江总等狎客一起赋诗，互相赠答，然后挑选其中特别艳丽的诗作谱成新曲，再选宫女千余人练习歌唱，分部演出。其歌曲有《玉树后庭花》《临春乐》等，大都是赞美诸位妃、嫔的美丽容貌。君臣饮酒酣歌，从夜晚到清晨，通宵嬉戏，以为常事。

【原文】

张贵妃名丽华，本兵家女，为龚贵嫔侍儿，上见而悦之，得幸，生太子深。贵妃发长七尺，其光可鉴，性敏慧，有神彩，进止详华，每瞻视眄睐①，光采溢目，照映左右。善候人主颜色，引荐诸宫女，后宫咸德之，竞言其善。又有厌魅之术，常置淫祀于宫中，聚女巫鼓舞。上怠于政事，百司启奏，并因宦者蔡脱儿、李善度进请，上倚隐囊，置张贵妃于膝上，共决之。李、蔡所不能记者，贵妃并为条疏，无所遗脱。因参访外事，人间有一言一事，贵妃必先知白之，由是益加宠异，冠绝后庭。宦官近习，内外连结，援引宗戚，纵横不法，卖官鬻狱，货赂公行。赏罚之命，不出于

外。大臣有不从者，因而谮之。于是孔、张之权熏灼四方，大臣执政皆从风谄附。

【注释】

①眄睐：看。

【译文】

张贵妃名叫张丽华，家中世代行伍，她本来是龚贵妃的侍女，陈后主对她一见钟情。她得到陈后主的宠幸后，生下了皇太子陈深。张贵妃的一头秀发长约七尺，油光发亮，又聪明颖慧，富有神采，举止优雅，每当她顾盼凝视时，更显得光彩照人，映动左右。张贵妃善于体察陈后主的心意，向后主引荐宫女，因此后宫妃、嫔、宫女都对她感恩戴德，竞相在陈后主面前赞美她。她又擅长祈祷鬼神的厌魅方术，经常在后宫中进行各种不合礼制规定的祭祀，聚集女巫伴着乐声跳舞，装神弄鬼。陈后主懒于处理国家政事，朝中百官大臣有所启奏，都由宦官蔡脱儿、李善度呈进请示，陈后主靠着松软的靠垫，让张贵妃坐在他的膝盖上，两人一起审批奏表，裁决政事。凡是蔡脱儿、李善度两人所没有记住的，张贵妃都逐条加以分析，没有遗漏。张贵妃经常了解皇宫外面发生的事情，外间的一言一事，张贵妃必定事先知道，然后告诉陈后主，因此更加受到陈后主的宠爱，地位远在后宫诸位

妃嫔之上。陈后主身旁的宦官与亲信内外相互勾结，朋比为奸，援引宗属亲戚，横行不法，卖官鬻狱，贿赂公行，就连朝廷赏罚之命，也都出于宫掖。外朝大臣有不顺从旨意的，就寻找机会加以陷害。孔贵嫔、张贵妃的权势炙手可热，执掌朝政的公卿大臣都竟相奉承依附。

【原文】

孔范与孔贵嫔结为兄妹。上恶闻过失，每有恶事，孔范必曲为文饰，称扬赞美，由是宠遇优渥，言听计从。群臣有谏者，辄以罪斥之。中书舍人施文庆，颇涉书史，尝事上于东宫，聪敏强记，明闲吏职，心算口占，应时条理，由是大被亲幸。又荐所善吴兴沈客卿、阳惠朗、徐哲、暨慧景等，云有吏能，上皆擢用之；以客卿为中书舍人。客卿有口辩，颇知朝廷典故，兼掌金帛局。旧制：军人、士人并无关市之税。上盛修宫室，穷极耳目，府库空虚，有所兴造，恒苦不给。客卿奏请不问士庶并责关市之征，而又增重其旧。于是以阳惠朗为太市令，暨慧景为尚书令、仓都令史，二人家本小吏，考校簿领，纤毫不差；然皆不达大体，督责苛碎，聚敛无厌，士民嗟怨。客卿总督之，每岁所入，过于常格数十倍。上大悦，益以施文庆为知人，尤见亲重，小大众事，无不委任，转相汲引，珥貂蝉者五十人。

【译文】

都官尚书孔范与孔贵嫔结拜为兄妹。因为陈后主厌恶听到说自己犯有过失的话，所以每当他做错了事情，孔范必然设法为他掩饰开脱，并称颂、赞美他的圣明。因此陈后主对孔范宠信礼遇有加，言听计从。百官大臣有敢于直言进谏者，孔范都要构陷其有罪，然后将他斥逐出朝。中书舍人施文庆读书颇多，陈后主为皇太子时曾在东宫供职，他聪明敏慧，记忆力强，通晓熟谙吏职政务，能心算口占，能随时随地把事情处理得井井有条，因此深得陈后主的亲近和宠幸。施文庆又向陈后主推荐了与其交好的吴兴人沈客卿、阳惠朗、徐哲、暨慧景等人，说他们有担任官吏的才干，陈后主都给予提拔重用，并且任命沈客卿为中书舍人。沈客卿能言善辩，懂得朝廷典章常例，兼掌中书省金帛局。按照旧制，军人、官吏都不征收入市关税。由于陈后主大修宫室，极为豪华富丽，导致府库空虚，财用枯竭，再要有所兴造，就经常苦于无钱支付。沈客卿上奏请求不管官吏还是平民，都得交纳入市关税，而且还请求增加征收数额。陈后主便任命阳惠朗为太市令，暨慧景为尚书令、仓都令史。阳、暨二人家中本是小吏，考校文簿，丝毫不差，但都不识大体，督责苛刻而繁碎，聚敛从不满足，使得官吏百姓怨声载道。沈客卿总领负责，每年所得收入，超过正常数

额的几十倍。陈后主非常高兴，更觉得施文庆有知人之明，对他特别亲信倚重，把朝廷大小事情都交给他处理。施文庆一伙人转相荐引，成为达官显贵的多达五十人。

【原文】

孔范自谓文武才能，举朝莫及，从容白上曰："外间诸将，起自行伍，匹夫敌耳。深见远虑，岂其所知!"上以问施文庆，文庆畏范，亦以为然；司马申复赞之。自是将帅微有过失，即夺其兵，分配文吏；夺任忠部曲以配范及蔡徵。由是文武解体，以至覆灭。

【译文】

孔范自以为自己是个文武全才，朝中无人能比，于是神色自若地对陈后主说："朝外那些带兵的将帅都是行伍出身，只有匹夫之勇。至于深谋远虑、运筹帷幄，岂是他们所能知晓的!"陈后主以此向施文庆征询意见，施文庆因为惧怕孔范的权势，就随声附和。中书通事舍人司马申也表示赞成孔范的见解。自此以后，将帅如果稍有过失，就立刻削夺他们的军权，分配给文职官吏，比如夺取领军将军任忠的部曲分配给孔范和蔡征。因此文臣武将都离心离德，最终导致国家覆灭。

一统归隋（卷一百七十七◎隋纪一）

【原文】

隋文帝开皇九年

春，正月乙丑朔，陈主朝会群臣，大雾四塞，入人鼻，皆辛酸，陈主昏睡，至晡时乃寤。

是日，贺若弼自广陵引兵济江。先是弼以老马多买陈船而匿之，买弊船五六十艘，置于渎内。陈人觇之，以为内国无船。

弼又请缘江防人每交代之际，必集广陵，于是大列旗帜，营幕被野，陈人以为隋兵大至，急发兵为备，既知防人交代，其众复散。后以为常，不复设备。

又使兵缘江时猎，人马喧噪。故弼之济江，陈人不觉。韩擒虎将五百人自横江宵济采石，守者皆醉，遂克之。晋王广帅大军屯六合镇桃叶山。

【译文】

隋文帝开皇九年（己酉，公元589年）

春季，正月乙丑朔（初一），陈朝元旦举行朝会，陈后主朝会百官时，大雾弥漫，其气吸入鼻孔，感到又辣又酸，陈后主昏睡过去，一直到下午申时左右才醒了过来。

这一天，隋吴州总管贺若弼从广陵统帅军队渡过长江。起先，贺若弼卖掉军中老马，大量购买陈朝的船只，并把这些船只藏匿起来，然后又购买了破旧船只五六十艘，停泊在小河内。陈派人暗中窥探，认为中原没有船只。

贺若弼又请求让沿江防守的兵士每当轮换交接的时候，都一定要聚集在广陵，于是隋军大举旗帜，营幕遍野，陈朝以为是隋朝大军来到，便急忙调集军队加强戒备，后来知道是隋朝士卒换防交接，就将已聚集的军队解散。后来陈朝对此已习以为常，就不再加以戒备。

贺若弼又时常派遣军队沿江打猎，人欢马叫。所以贺若弼渡江时，陈朝守军竟没有发觉。庐州总管韩擒虎也率领将士五百人从横江浦夜渡采石，陈朝守军全都喝得酩酊大醉，隋军轻而易举就攻下了采石。晋王杨广统帅大军驻扎在六合镇桃叶山。

【原文】

丙寅，采石戍主徐子建驰启告变；丁卯，召公卿入议军旅。戊辰，陈主下诏曰："犬羊陵纵，侵窃郊畿，蜂虿有毒，宜时扫定。朕当亲御六师，廓清八表，内外并可戒严。"以骠骑将军萧摩诃、护军将军樊毅、中领军鲁广达并为都督，司空司马消难、湘州刺史施文庆并为大监军，遣南豫州刺史樊猛帅舟师出白下，散骑常侍皋文奏将兵镇南豫州。重立赏格，僧、尼、道士，尽令执役。

【译文】

丙寅（初二），陈朝采石镇守主将徐子建携带告急文书飞骑赶赴都城报告隋军已渡江的消息。丁卯（初三），陈后主召集公卿大臣进宫商议军务事宜。戊辰初四，陈后主下诏说："隋军胆敢任意兴兵凌逼，侵犯占据我都城近郊，就好似蜂虿有毒，应该及时扫灭。朕当亲自统帅大军，消灭敌军，廓清天下，并在朝廷内外实施戒备。"于是便任命骠骑将军萧摩诃、护军将军樊毅、中领军鲁广达三人为都督，任命司空司马消难、湘州刺史施文庆两人为大监军，又派遣南豫州刺史樊猛统帅水军出守白下城，散骑常侍皋文奏统帅军队镇守南豫州。陈后主又下令设立重赏，征发僧、尼、道士等出家人去服役。

【原文】

庚午，贺若弼攻拔京口，执南徐州刺史黄恪。弼军令严肃，秋毫不犯，有军士于民间酤酒者，弼立斩之。所俘获六千馀人，弼皆释之，给粮劳遣，付以敕书，令分道宣谕。于是所至风靡。

樊猛在建康，其子巡摄行南豫州事。辛未，韩擒虎进攻姑孰，半日，拔之，执巡及其家口。皋文奏败还。江南父老素闻擒虎威信，来谒军门者昼夜不绝。

【译文】

庚午（初六），隋将贺若弼率军攻克京口，生擒陈朝南徐州刺史黄恪。贺若弼的军队纪律严明，秋毫不犯，发现有士卒在民间买酒的，贺若弼立即将他斩首。所俘获的陈朝军队六千余人，贺若弼全部予以释放，发给资粮，好言安抚，遣返回乡，并发给他们隋文帝的敕书，让他们分道宣传散发。因此，隋军所到之处，陈朝军队望风溃败。

陈朝南豫州刺史樊猛当时还在建康，由他的儿子樊巡代理南豫州事。辛未（初七），隋将韩擒虎率军进攻姑孰，只用了半天，就攻下了姑孰城，俘虏了樊巡及其全家。皋文奏军败，退还江南。江南地区的父老百姓早就听说过韩擒虎的威名，前来军营谒见拜访的人昼夜不绝。

【原文】

鲁广达之子世真在新蔡，与其弟世雄及所部降于擒虎，遣使致书招广达。广达时屯建康，自劾，诣廷尉请罪。陈主慰劳之，加赐黄金，遣还营。

樊猛与左卫将军蒋元逊将青龙八十艘于白下游弈，以御六合兵。陈主以猛妻子在隋军，惧有异志，欲使镇东大将军任忠代之，令萧摩诃徐谕猛，猛不悦，陈主重伤其意而止。

于是贺若弼自北道，韩擒虎自南道并进，缘江诸戍，望风尽走。弼分兵断曲阿之冲而入。陈主命司徒豫章王叔英屯朝堂，萧摩诃屯乐游苑，樊毅屯耆阇寺，鲁广达屯白土冈，忠武将军孔范屯宝田寺。己卯，任忠自吴兴入赴，仍屯朱雀门。

【译文】

陈朝都督鲁广达的儿子鲁世真在新蔡，与其弟弟鲁世雄一起率部投降了韩擒虎，并派遣使节持书信招抚鲁广达。鲁广达当时率军驻扎在建康，接到鲁世真的劝降信后，自己上表弹劾自己，并亲自到廷尉处请求治罪。陈后主对他好言慰劳，并额外赏赐他黄金，让他返回军营。

樊猛和左卫将军蒋元逊率领青龙船八十艘在白下城附近的江面上游弋，以防御从六合方面发动进攻的隋军。陈后主由于樊猛的妻儿家人都被隋军俘获，担心他心怀异志，打算派遣镇东大将军任忠代替他，并让萧摩诃向樊猛慢慢讲明情况，樊猛听后很不高兴，陈后主感到很难违背樊猛的意愿，只好作罢。

此时，隋将贺若弼率军从北道，韩擒虎率军从南道，齐头并进，夹攻建康。陈朝沿江的镇戍要塞守军都望风而逃。贺若弼分兵占领曲阿，隔断了陈朝援军的通道，自己率主力进逼建康。陈后主命令司徒、豫章王陈叔英率军守卫朝堂，萧摩诃率军驻守乐游苑，樊毅率军驻守耆阇寺，鲁广达率军驻守白土冈，忠武将军孔范率军驻守宝田寺。己卯（十五日），任忠率军自吴兴入援京师，驻守朱雀门。

【原文】

辛未，贺若弼进据钟山，顿白土冈之东。晋王广遣总管杜彦与韩擒虎合军，步骑二万屯于新林。蕲州总管王世积以舟师出九江，破陈将纪瑱于蕲口，陈人大骇，降者相继。晋王广上状，帝大悦，宴赐群臣。

时建康甲士尚十馀万人，陈主素怯懦，不达军士，唯日夜啼泣，台内处分，一以委施文庆。文庆既知诸将疾己，恐其有功，乃奏曰："此辈怏怏，素不伏官，迫此事机，那可专信！"由是诸将凡有启请，率皆不行。

【译文】

辛未，隋将贺若弼率军进据钟山，驻扎在白土冈的东面。晋王杨广派遣总管杜彦和韩擒虎合军，共计步骑两万余人驻扎在新林等地。隋蕲州总管王世积统帅水军出九江，在蕲口击败陈将纪瑱，陈朝将士大为惊恐，向隋军投降的人接连不断。晋王杨广上表禀报军情，隋文帝非常高兴，便宴请和赏赐百官群臣。

当时建康还有军队十万人，但是陈后主生性怯懦软弱，又不懂军事，只是日夜哭泣，台城内的所有军情处置，全部委任给施文庆。施文庆知道将帅们都痛恨自己，唯恐他们建立功勋，便向陈后主上奏说："这些将帅们平时总是心中不满，一向不是甘心情愿服侍陛下，现在到了危机时刻，怎么可以完全信任他们呢？"因此这些将帅凡是有所启奏请求，绝大部分都没能获得批准。

【原文】

贺若弼之攻京口也，萧摩诃请将兵逆战，陈主不许。及弼至钟山，摩诃又曰："弼悬军深入，垒堑未坚，出兵掩袭，可以必克。"又不许。陈主召摩诃、任忠于内殿议军事，忠曰："兵法：客贵速战，主贵持重。今国家足兵足食，宜固守台城，缘淮立栅，北军虽来，勿与交战，分兵断江路，无令彼信得通。给臣精兵一万，金翅三百艘，下江径掩六合，彼大军必谓其度江将士已被俘获，自然挫气。淮南土人与臣旧相知悉，今闻臣往，必皆景从。臣复扬声欲往徐州，断彼归路，则诸军不击自去。待春水既涨，上江周罗睺等众军必沿流赴援，此良策也。”陈主不能从。明日，欻然曰：“兵久不决，令人腹烦，可呼萧郎一出击之。”任忠叩头苦请勿战。孔范又奏：“请作一决，当为官勒石燕然。”陈主从之，谓摩诃曰：“公可为我一决！”摩诃曰：“从来行陈，为国为身；今日之事，兼为妻子。”陈主多出金帛赋诸军以充赏。甲申，使鲁广达陈于白土冈，居诸军之南，任忠次之，樊毅、孔范又次之，萧摩诃军最在北。诸军南北亘二十里，首尾进退不相知。

【译文】

在隋将贺若弼进攻京口时，陈朝都督萧摩诃曾经请求率军迎战，陈后主不许。等到贺若弼进至钟山，萧摩诃又上奏说：“贺若弼孤军深入，立足未稳，如果乘机出兵袭击，可保必胜。”陈后主还是不允许。陈后主召集萧摩诃、任忠在宫中内殿商议军事，任忠说：“兵法上说：来犯之军利在速战，守军利在坚持。现在国家兵足粮丰，应该固守台城，沿秦淮河建立栅栏，隋军虽然来攻，不要轻易出战，分兵截断长江水路，不要让隋军音信相通。陛下可给我精兵一万人，金翅战船三百艘，顺江而下，径直去袭击六合镇，这样，隋朝大军一定会认为他们渡过江的将士已经被我们俘获，锐气自然就会受挫。此外，淮南土著居民与我以前就互相熟悉，如今听说是我率军前往，必定会群起响应。我再扬言将要率军进攻徐州，断敌退路，这样，各路隋军就会不战自退。待到雨季春水既涨，上游周罗睺等军必定顺流而下赶来增援。这是一个良好的战略计策。”陈后主也不听从。到了第二天，陈后主忽然说：“与隋军长久相持不进行决战，令人心烦，可叫萧摩诃出兵攻打敌军。”任忠向陈后主跪地叩头，苦苦请求不要出战。忠武将军孔范又上奏说：“请求与隋军进行决战，我军必胜，我将为陛下在燕然山刻石立碑纪念战功。”陈后主听从了孔范的意见，对萧摩诃说：“你可为我率军与敌军一决胜负！”萧摩诃说：“从来行军作战都是为了国家与自己，今日与敌决战，兼为妻儿家人。”于是陈后主拿出很多金钱财物，分配给诸军用作奖赏。甲申（二十日），命令鲁广达率军在白土冈摆开阵势，在各军的最南边，由南往北，依次是任忠、樊毅、孔范，萧摩诃的军队在最北边。陈朝军队所摆开的阵势南北长达二十里，首尾之间进退都互不知晓。

【原文】

贺若弼将轻骑登山，望见众军，因驰下，与所部七总管杨牙、员明等甲士凡八千，勒陈以待之。陈主通于萧摩诃之妻，故摩诃初无战意，唯鲁广达以其徒力战，与弼相当。隋师退走者数四，弼麾下死者二百七十三人，弼纵烟以自隐，窘而复振。陈兵得人头，皆走献陈主求赏，弼知其骄惰，更引兵趣孔范。范兵暂交即走，陈诸军顾之，骑卒乱溃，不可复止，死者五千人。员明擒萧摩诃，送于弼，弼命牵斩之。摩诃颜色自若，弼乃释而礼之。

【译文】

隋将贺若弼率领轻骑登上钟山，望见陈朝众军已摆开阵势，于是驰骑下山，与所部七位总管杨牙、员明等将领率兵士共八千人，也摆好阵势准备迎战。因为陈后主私通萧摩诃的妻子，所以萧摩诃一开始就不想为陈后主打仗，只有鲁广达率领部下拼死力战，与贺若弼的军队旗鼓相当。隋军曾经四次被迫后退，贺若弼部下战死二百七十三人，后来贺若弼部队放烟火用来掩护隐蔽，才摆脱困境重新振作了起来。陈朝兵士获得隋军人头，纷纷跑去献给陈后主以求得奖赏，贺若弼看到陈朝军队骄傲轻敌，不愿再苦战，便再一次率军冲击孔范的军阵。孔范的士兵与隋军刚一交战即败走，陈朝诸军望见，骑兵、步卒也一起纷纷溃逃，互相践踏不可阻止，死了五千人。总管员明生擒了萧摩诃，把他送交贺若弼，贺若弼命令将其推出斩首。萧摩诃神色自若，贺若弼便给他松了绑，并且以礼相待。

【原文】

任忠驰入台，见陈主言败状，曰：“官好住，臣无所用力矣！”陈主与之金两縢，使募人出战。忠曰：“陛下唯当具舟楫，就上流众军，臣以死奉卫。”陈主信之，敕忠出部分，令宫人装束以待之，怪其久不至。时韩擒虎自新林进军，忠已帅数骑迎降于石子冈。领军蔡徵守朱雀航，闻擒虎将至，众惧而溃。忠引擒虎军直入朱雀门，陈人欲战，忠挥之曰：“老夫尚降，诸军何事！”众皆散走。于是城内文武百司皆遁，唯尚书仆射袁宪在殿中，尚书令江总等数人居省中。陈主谓袁宪曰：“我从来接遇卿不胜馀人，今日但以追愧。非唯朕无德，亦是江东衣冠道尽！”

【译文】

任忠驰马进入建康台城，谒见陈后主，叙说了失败经过，然后说：“陛下好自为之，我无能为力了！”陈后主交给他两串金子，让他再募兵出战，任忠说：“陛下应当赶紧准备船只，前往上游会合周罗睺等人统领的大军，臣当豁出性命护送陛下。”陈后主相信了任忠，敕令他出外布置安排，又下令后宫宫女们收拾好行装，等待任忠，久等不至，觉得很是奇怪。当时韩擒虎率军队从新林向台城进军，任忠已经率领部下数骑到石子冈去投降。当时陈朝领军将军蔡徵率军守卫朱雀航，听说韩擒虎将到，部队惊惧，望风溃逃。任忠带领韩擒虎的军队径直进入朱雀门，还有一些陈军将士想进行抵抗，任忠对他们挥挥手说："我都投降了隋军，你们还抵抗什么！"于是陈军全都逃散。此时，台城内文武大臣全都逃跑，只有尚书仆射袁宪在殿内，尚书令江总等数人在尚书省府中。陈后主对袁宪感叹地说："我从来对待你不比别人好，今日只有你还留在我的身边，对此我感到很是惭愧。这不只是朕失德无道所致，也是由于江东士大夫的气节全都丧失净尽了！"

【原文】

陈主遑遽，将避匿，宪正色曰："北兵之入，必无所犯。大事如此，陛下去欲安之！臣愿陛下正衣冠，御正殿，依梁武帝见侯景故事。"陈主不从，下榻驰去，曰："锋刃之下，未可交当，吾自有计！"从宫人十馀出后堂景阳殿，将自投于井，宪苦谏不从。后阁舍人夏侯公韵以身蔽井，陈主与争，久之，乃得入。既而军人窥井，呼之，不应，欲下石，乃闻叫声，以绳引之，惊其太重，及出，乃与张贵妃、孔贵嫔同束而上。沈后居处如常。太子深年十五，闭阁而坐，舍人孔伯鱼侍侧，军士叩阁而入，深安坐，劳之曰："戎旅在途，不至劳也！"军士咸致敬焉。时陈人宗室王侯在建康者

百馀人，陈主恐其为变，皆召入，令屯朝堂，使豫章王叔英总督之，又阴为之备，及台城失守，相帅出降。

【译文】

陈后主惊慌失措，想要躲藏起来，袁宪严肃地说道："隋军进入皇宫后，必定不会对陛下有所侵侮。事已至此，陛下还能躲到什么地方去？我请求陛下把衣服冠冕穿戴整齐，端坐正殿，依照当年梁武帝见侯景的做法。"陈后主没有听从，下了坐床飞奔而去，并说："兵刃之下，不能拿性命去冒险抵挡，我自有办法！"于是跟着十余个宫人逃出后堂景阳殿，就要往井里跳，袁宪苦苦哀求，陈后主不听。后阁舍人夏侯公韵用自己的身子遮挡住井口，陈后主极力相争，争了很长时间才得以跳进井里。不久，有隋军兵士向井里窥视，并大声喊叫，井下无人回答，士兵扬言要落井下石，方才听到井下有人呼唤，于是抛下绳索往上拉人，感到非常沉重，十分吃惊，直到把人拉上来，才看见是陈后主与张贵妃、孔贵嫔三人同绳而上。而沈皇后仍像平常一样，毫不惊慌。皇太子陈深当时年方十五岁，关上阁门，安然端坐，身边只有舍人孔伯鱼陪侍。隋军兵士进来以后，陈太子对他们好言慰劳说："你们一路上鞍马劳顿，还不至于太累吧？"隋军兵士都纷纷向他致敬。当时陈朝宗室王侯在建康城中有一百余人，陈后主恐怕他们发动政变，就

把他们全都召进宫里，命令他们都聚集在朝堂，派遣豫章王陈叔英监督他们，并暗中严加戒备。到台城失守的时候，他们都投降了隋军。

【原文】

贺若弼乘胜至乐游苑，鲁广达犹督馀兵苦战不息，所杀获数百人，会日暮，乃解甲，面台再拜恸哭，谓众曰："我身不能救国，负罪深矣！"士卒皆流涕歔欷，遂就擒。诸门卫皆走，弼夜烧北掖门入，闻韩擒虎已得陈叔宝，呼视之，叔宝惶惧，流汗股栗，向弼再拜。弼谓之曰："小国之君当大国之卿，拜乃礼也。入朝不失作归命侯，无劳恐惧。"既而耻功在韩擒虎后，与擒虎相询，挺刃而出，欲令蔡徵为叔宝作降笺，命乘骡车归己，事不果。弼置叔宝于德教殿，以兵卫守。

高颎先入建康，颎子德弘为晋王广记室，广使德弘驰诣颎所，令留张丽华，颎曰："昔太公蒙面以斩妲己，今岂可留丽华！"乃斩之于青溪。德弘还报，广变色曰："昔人云：'无德不报'，我必有以报高公矣！"由是恨颎。

丙戌，晋王广入建康，以施文庆受委不忠，曲为谄佞以蔽耳目，沈客卿重赋厚敛以悦其上，与太市令阳慧朗、刑法监徐析、尚书都令史暨慧景皆为民害，斩于石阙下，以谢三吴。使高颎与元帅府记室裴矩收图籍，封府库，资财一无所取，天下皆称广，以为贤。

【译文】

隋将贺若弼率军乘胜进至乐游苑，陈朝都督鲁广达仍督率残兵败将苦战不止，共杀死和俘虏隋军数百人，直到天色将晚，鲁广达方才放下武器，面向台城拜了三拜，忍不住失声痛哭，对部下说："我没能拯救国家，负罪深重！"部下士兵也都痛哭流涕，于是被隋军俘获。台城的宫门卫士都四处逃走，贺若弼率军在夜间焚烧北掖门而进入皇宫，得知韩擒虎已抓住了陈叔宝，就把他叫来亲自察看，陈叔宝非常害怕，汗流浃背，浑身战栗，向贺若弼跪拜叩头。贺若弼对他说："小国的君主见了大国的公卿大臣，按照礼节应该跪拜。阁下到了隋朝仍不失为归命侯，所以不必恐惧。"过后，贺若弼因耻于功在韩擒虎之下，与韩擒虎争吵辱骂，随后怒气冲冲地拔刀而出，想令陈朝前吏部尚书蔡徵为陈叔宝起草降书，又下令陈后主乘坐骡车由自己带走，但没有实现。于是贺若弼将陈后主置于德教殿内，派兵守卫。

高颎先进入建康，当时高颎的儿子高德弘是晋王府记室参军，杨广就派他驰马来见高颎，传令留下张丽华，高颎说："古时候姜太公吕尚蒙面斩了殷纣王的宠姬妲己，今天岂能留下张丽华！"便将张丽华斩于青溪。高德弘回来报告杨广，杨广脸色大变说："古人云：'无德不报。'我一定有

办法回报高公！”杨广因此忌恨高颎。

丙戌（二十二日），晋王杨广进入建康，认为陈朝中书舍人施文庆接受委命，却不忠心于国事，反而谄媚为奸，来蒙蔽天子耳目；前中书舍人沈客卿重赋厚敛，盘剥百姓，以博取天子的欢心。他们与太市令阳慧朗、刑法监徐析、尚书都令史暨慧景等人都是祸国害民的奸臣，一并斩于石阙之下，以谢三吴地区百姓。杨广又让高颎和元帅府记室参军裴矩一道收缴南陈地图和户籍，封存国家府库，金银财物一无所取，因此，天下都称颂杨广，认为他很是贤明。

隋唐盛世

杨广夺宠（卷一百七十九◎隋纪三）

【原文】

隋文帝开皇二十年

初，上使太子勇参决军国政事，时有损益，上皆纳之。勇性宽厚，率意任情，无矫饰之行。上性节俭，勇尝文饰蜀铠，上见而不悦，戒之曰："自古帝王未有好奢侈而能久长者。汝为储后，当以俭约为先，乃能奉承宗庙。吾昔日衣服，各留一物，时复观之以自警戒。恐汝以今日皇太子之心忘昔时之事，故赐汝以我旧所带刀一枚，并菹酱一合，汝昔作上士时常所食也。若存记前事，应知我心。"

后遇冬至，百官皆诣勇，勇张乐受贺。上知之，问朝臣曰："近闻至日内外百官相帅朝东宫，此何礼也？"太常少卿辛亶对曰："于东宫，乃贺也，不得言朝。"上曰："贺者正可三数十人，随情各去，何乃有司征召，一时普集！太子法服设乐以待之，可乎？”因下诏曰：“礼有等差，君臣不杂。皇太子虽居上嗣，义兼臣子，而诸方岳牧正冬朝贺，任土作贡，别上东宫，事非典则，宜悉停断。”自是恩宠始衰，渐生猜阻。

【译文】

隋文帝开皇二十年（庚申，公元600年）

当初，隋文帝让太子杨勇参与决策军国政事，他时常提出批评意见，文帝都采用了。杨勇性情宽厚，直率热情，平易近人，无弄虚作假的行为。文帝本性崇尚节俭，杨勇以前在蜀地出的已经很精美华丽的铠甲上增加装饰，文帝看了后很不高兴，他告诫杨勇说：“自古以来帝王没有因喜欢奢侈而能长久的。你作为皇位的继承人，应当以节俭为先，这样才能承继宗庙。我以前的衣服，全都各留下一件，经常取出它们观看以告诫自己。恐怕你已经以当今皇太子自居而忘记了过去的事情，因此我赐给你一把我以前所佩带的刀，一钵你旧日为上士时常常吃的腌菜。要是你还能记得以前的事，你就应该懂得我的良苦用心。”

后来到了冬至，百官都去拜见杨勇，杨勇排列乐队接受百官的祝贺。文帝知道了这件事，就问朝臣：“最近听说冬至那天朝廷内外百官都去朝见太子，这是什么礼法？”太常少卿辛亶回答：“百官到东宫，是祝贺，不能说是朝见。”文帝说：“祝贺的人应该三五十人，随意各自去，为什么由有关部门召集，一时间百官都集中起来同去？太子身穿礼服奏乐来接待百官，能这样吗？”于是文帝下诏说：“礼法有等级差别，君臣之间不能混杂。皇太子虽然是皇帝的继承人，但从礼义上讲也是臣子，各地方长官在冬至节来朝贺，进献自己辖地的特产，但另外给皇太子上贡，这就不符合典章制度了，应该全部停止。”从此，文帝对杨勇的恩宠开始冷淡，渐渐有了猜疑和戒心。

【原文】

勇多内宠，昭训云氏尤幸。其妃元氏无宠，遇心疾，二日而薨，独孤后意有他故，甚责望勇。自是云昭训专内政，生长宁王俨、平原王裕、安成王筠；高良娣生安平王嶷、襄城王恪；王良媛生高阳王该、建安王韶；成姬生颍川王煚；后宫生孝实、孝范。后弥不平，颇遣人伺察，求勇过恶。

晋王广知之，弥自矫饰，唯与萧妃居处，后庭有子皆不育，后由是数称广贤。大臣用事者，广皆倾心与交。上及后每遣左右至广所，无贵贱，广必与萧妃迎门接引，为设美馔，申以厚礼，婢仆往来者，无不称其仁孝。上与后尝幸其第，广悉屏匿美姬于别室，唯留老丑者，衣以缦彩，给事左右； 屏帐改用缣素，故绝乐器之弦，不令拂去尘埃。上见之，以为不好声色，还宫，以语侍臣，意甚喜，侍臣皆称庆，由是爱之特异诸子。

【译文】

杨勇有很多姬妾，他对昭训云氏尤其宠爱。杨勇的妃子元氏不得宠，突然得了心疾，两天就死了。独孤皇后认为这里还另有别的缘故，对杨勇很是责备。此后，云昭训总揽东宫内的事务，她生了长宁王杨俨、平原王杨裕、安成王杨筠；高良娣生了安平王杨嶷、襄城王杨恪；王良媛生了高阳王杨该、建安王杨韶；成姬生了颍川王杨煚；其他的宫人生了杨孝实、杨孝范。独孤皇后更加不高兴，经常派人来窥视探查，找杨勇的过失和罪过。

晋王杨广了解这件事后就更加伪装自己，他只和萧妃住在一起，侧室生了孩子也不养育。独孤皇后因此多次称赞杨广有德行。朝廷中执掌朝政的重臣，杨广都尽心竭力地与他们结交。文帝和独孤皇后每次派身边的人到杨广的住处，无论来人的地位高低，杨广一定和萧妃一起在门口迎接，为来人摆设盛宴，并厚赠礼品。于是来往的奴婢仆人没有不称颂杨广为人仁爱贤孝的。文帝与独孤皇后曾经驾临杨广的府第，杨广将他的美姬都藏到别的房间里，只留下年老貌丑之人身着没有文饰的衣服来服侍。房间里的屏帐都改用朴素的慢帐，故意断绝琴瑟丝弦，不让拂去上面的灰尘。文帝看到这种情况，以为杨广不爱好声色，返回皇宫后，告诉侍臣这一情况，看上去非常高兴，侍臣们也都向文帝祝贺。从此，文帝宠爱杨广超出别的儿子。

【原文】

上密令善相者来和遍视诸子，对曰："晋王眉上双骨隆起，贵不可言。"上又问上仪同三司韦鼎："我诸儿谁得嗣位？"对曰："至尊、皇后所最爱者当与之，非臣敢预知也。"上笑曰："卿不肯显言邪！"

晋王广美姿仪，性敏慧，沉深严重，好学，善属文，敬接朝士，礼极卑屈。由是声名籍甚，冠于诸王。

【译文】

文帝命令善于看相的来和暗中把他的儿子们都看了一遍，来和回答："晋王杨广眉上有双骨隆起，贵不可言。"文帝又问上仪同三司韦鼎："我这些儿子，哪个可以继承皇位？"韦鼎回答："陛下和皇后最喜爱的儿子应当继承皇位，这不是我敢预知的。"文帝笑道："你不肯明说呀！"

晋王杨广容貌俊美，举止优雅，性情聪颖机敏，性格深沉持重。他喜好学习，擅长做文章，对朝中之士恭敬结交，待人非常礼貌谦卑，因此他的声誉很盛，高于文帝其他的儿子。

炀帝奢靡（卷一百八十◎隋纪四）

【原文】

隋炀帝大业元年

三月，丁未，诏杨素与纳言杨达、将作大匠宇文恺营建东京，每月役丁二百万人，徙洛州郭内居民及诸州富商大贾数万户以实之。废二崤道，开葼册道。

戊申，诏曰："听采舆颂，谋及庶民，故能审刑政之得失。今将巡历淮、海，观省风俗。"

敕宇文恺与内史舍人封德彝等营显仁宫，南接皁涧，北跨洛滨。发大江之南、五岭以北奇材异石，输之洛阳。又求海内嘉木异草，珍禽奇兽，以实园苑。辛亥，命尚书右丞皇甫议发河南、淮北诸郡民，前后百余万，开通济渠。自西苑引谷、洛水达于河；复自板渚引河历荥泽入汴；又自大梁之东引汴水入泗，达于淮；又发淮南民十馀万开邗沟，自山阳至杨子入江。渠广四十步，渠旁皆筑御道，树以柳；自长安至江都，置离宫四十馀所。庚申，遣黄门侍郎王弘等往江南造龙舟及杂船数万艘。东京官吏督役严急，役丁死者什四五，所司以车载死丁，东至城皋，北至河阳，相望于道。又作天经宫于东京，四时祭高祖。

【译文】

隋炀帝大业元年（乙丑，公元605年）

三月，丁未（十七日），炀帝下诏派杨素和纳言杨达、将作大匠宇文恺营建东京洛阳，每个月役使壮丁二百万人，迁徙洛州郭内的居民和各州的富商大贾几万户充实东京。废弃二崤道，开辟葼册道。

戊申（十八日），炀帝下诏说："听取来自民间的舆论和意见，为平民百姓多考虑，因此就能觉察出刑罚、政令的好坏。现在我要巡视淮、海一带，考察一下各地的民间风俗。"

炀帝命令宇文恺和内史舍人封德彝等人营建显仁宫，显仁宫南边连接阜涧，北边跨越洛水，征调大江以南五岭以北的奇材异石，输送到洛阳；又搜求四海内的嘉木异草、珍禽奇兽，用以充实皇家园苑。辛亥（二十一日），命令尚书右丞皇甫议征发河南、淮北各郡的百姓前后一百余万人，开辟通济渠。从西苑引谷水、洛水到黄河，又从板渚引黄河水经过荥泽进入汴水，从大梁以东引汴水进入泗水到淮河，又征发淮南的百姓十余万人开凿邗沟，从山阳到杨子后进入长江。通济渠宽四十步左右，渠两旁都筑有御道，种植柳树，离宫四十余所都在长安到江都之间。庚申（三十日），派遣黄门侍郎王弘等人到江南建造龙舟和各种船只几万艘。东京的官吏监督工程严酷急迫，服役的壮丁死去十之四五。有关部门用车装着死去的服役人，东到城皋，北至河阳，载尸之车连绵不断。炀帝又在东京建造天经宫，每年四季祭祀文帝。

【原文】

五月，筑西苑，周二百里；其内为海，周十馀里；为蓬莱、方丈、瀛洲诸山，高出水百馀尺，台观殿阁，罗络山上，向背如神。北有龙鳞渠，萦纡注海内。缘渠作十六院，门皆临渠，每院以四品夫人主之，堂殿楼观，穷极华丽。宫树秋冬凋落，则剪彩为华叶，缀于枝条，色渝则易以新者，常如阳春。沼内亦剪彩为荷芰菱芡，乘舆游幸，则去冰而布之。十六院竞以殽羞精丽相高，求市恩宠。上好以月夜从宫女数千骑游西苑，作《清夜游曲》，于马上奏之。

【译文】

五月，营建西苑，占地面积约方圆二百里，苑内有海，周长十余里。海内建造蓬莱、方丈、瀛洲诸座神山，山高出水面百余尺，台观殿阁，星罗棋布地分布在山上，无论从哪面看都仿佛到了仙境。苑北面有龙鳞渠，曲折蜿蜒地流入海内。沿着龙鳞渠建造了十六院，院门临渠，每院以一名四品夫人主持，院内的堂殿楼观，极其华丽。宫内树木秋冬季枝叶凋落后，就剪彩绸为花叶缀在枝条上，颜色旧了就换上新的，使景色常如阳春。池内也剪彩绸做成荷、芰、菱、芡。炀帝来游玩，就去掉池冰，布置上彩绸做成的阳春美景。十六院竞相用珍馐佳肴精美食品一比高低，以求得到炀帝的恩宠。炀帝喜欢在月夜带领几千名宫女骑马在西苑游玩，还自己创作了《清夜游曲》，骑着马演奏。

【原文】

八月，壬寅，上行幸江都，发显仁宫，王弘遣龙舟奉迎。乙巳，上御小朱航，自漕渠出洛口，御龙舟。龙舟四重，高四十五尺，长二百丈。上重有正殿、内殿、东西朝堂，中二重有百二十房，皆饰以金玉，下重内侍处之。皇后乘翔螭舟，制度差小，而装饰无异。别有浮景九艘，三重，皆水殿也。又有漾彩、朱鸟、苍螭、白虎、玄武、飞羽、青凫、陵波、五楼、道场、玄坛、板艙、黄篾等数千艘，后宫、诸王、公主、百官、僧、尼、道士、蕃客乘之，及载内外百司供奉之物，共用挽船士八万馀人，其挽漾彩以上者九

千馀人，谓之殿脚，皆以锦彩为袍。又有平乘、青龙、艨艟、艚䑳、八棹、艇舸等数千艘，并十二卫兵乘之，并载兵器帐幕，兵士自引，不给夫。舳舻相接二百馀里，照耀川陆，骑兵翊两岸而行，旌旗蔽野。所过州县，五百里内皆令献食，多者一州至百轝，极水陆珍奇，后宫厌饫，将发之际，多弃埋之。

【译文】

八月，壬寅（十五日），炀帝到江都游玩。他从显仁宫出发，王弘派龙舟来迎接。乙巳（十八日），炀帝乘坐小朱航，从漕渠出洛口，乘坐龙舟。龙舟上有四重建筑，高四十五尺，长二百丈。龙舟最上层是正殿、内殿、东西朝堂；中间两层有一百二十个配房，都用金玉装饰；下层是宫内侍臣住的地方。皇后萧氏乘坐的翔螭舟规制比炀帝乘坐的龙舟要小一些，但装饰没什么不同。另有浮景船九艘，船上建筑有三重，都是水中宫殿。还有漾彩、朱鸟、苍螭、白虎、玄武、飞羽、青凫、陵波、五楼、道场、玄坛、板艙、黄蔑等几千艘船，供后宫、诸王、公主、百官、僧尼、道士、蕃客乘坐，并装载朝廷内外各机构部门进献的物品。这些船共用挽船的民夫八万余人，其中挽漾彩级以上的有九千余人，称为殿脚，都身穿锦彩制作的袍服。又有平乘、青龙、艨艟、艚䑳、八棹、艇舸等几千艘船供十二卫士兵乘坐，并装载兵

器帐幕，由士兵自挽，不给民夫。舟船首尾相接二百余里，灯火照耀江河陆地，骑兵在两岸护卫行进，旌旗蔽野。队伍所经过的州县，五百里内都命令进献食物。多的一州要献食百车，极尽水陆珍奇，后宫都吃腻了，将出发时，就把食物扔掉埋起来。

东征高句丽（卷一百八十一◎隋纪五）

【原文】

炀皇帝上之下大业八年

四方兵皆集涿郡，帝征合水令庾质，问曰："高丽[①]之众不能当我一郡，今朕以此众伐之，卿以为克不？"对曰："伐之可克。然臣窃有愚见，不愿陛下亲行。"帝作色曰："朕今总兵至此，岂可未见贼而先自退邪？"对曰："战而未克，惧损威灵。若车驾留此，命猛将劲卒，指授方略，倍道兼行，出其不意，克之必矣。事机在速，缓则无功。"帝不悦，曰："汝既惮行，自可留此。"右尚方署监事耿询上书切谏，帝大怒，命左右斩之，何稠苦救，得免。

【译文】

隋炀帝大业八年（壬申，公元612年）

全国各地的军队都汇集在涿郡，炀帝招来合水令庾质，问道："高句丽的人口还不到我国的一个郡，今天我率领这么多的军队征讨高句丽，你认为能打败高句丽吗？”庾质回答：“征伐可以取胜，但依臣的愚见，不愿意陛下亲自去征讨。”炀帝脸色一变，说：“今天我集结军队至此，怎么能还未看见敌军我就先退却呢？”庾质回答：“攻战而不能取胜，恐怕有损陛下的威名。要是陛下留在此地，指导传授谋略，命令指挥猛将劲卒火速进击，出其不意，必定可以攻克。军机在于神速，迟缓就会无功。”炀帝不高兴地说：“你既然害怕，自可以留在此地。”右尚方署监事耿询上书炀帝恳切地劝说，炀帝勃然大怒，命令左右将其斩首，何稠竭力相救，耿询才得以免死。

【注释】

①高丽：此处“高丽”指“高句丽”，隋唐时期将“高句丽”简称“高丽”。

【原文】

壬午，诏左十二军出镂方、长岑、溟海、盖马、建安、南苏、辽东、玄菟、扶余、朝鲜、沃沮、乐浪等道，右十二军出黏蝉、含资、浑弥、临屯、候城、提奚、蹋顿、肃慎、碣石、东暆、带方、襄平等道，骆驿引途，总集平壤，凡一百一十三万三千八百人，号称二百万，其馈运者倍之。宜社于南桑干水上，类上帝于临朔宫南，祭马祖于蓟城北。帝亲授节度：每军大将、亚将各一人；骑兵四十队，队百人，十队为团，步卒八十队，分为四团，团各有偏将一人；其铠胄、缨拂、旗幡，每团异色；受降使者一人，承诏慰抚，不受大将节制；其辎重散兵等亦为四团，使步卒挟之而行；进止立营，皆有次叙仪法。癸未，第一军发。日遣一军，相去四十里，连营渐进，终四十日，发乃尽，首尾相继，鼓角相闻，旌旗亘九百六十里。御营内合十二卫、三台、五省、九寺，分隶内、外、前、后、左、右六军，次后发，又亘八十里。近古出师之盛，未之有也。

【译文】

壬午（正月初二），炀帝下诏命令左十二军出镂方、长岑、溟海、盖马、建安、南苏、辽东、玄菟、扶余、朝鲜、沃沮、乐浪等道；右十二军出黏蝉、含资、浑弥、临屯、候城、提奚、蹋顿、肃慎、碣石、东暆、带方、襄平等道。人马相继不绝于道，在平壤城会集，总计一百一十三万三千八百人，号称两百万，运送军需的人加倍。炀帝在桑干水的南面祭祀土地，在临朔宫南祭祀上天，在蓟城北祭祀马祖。炀帝亲自指挥：每军设大将、亚将各一人；骑兵四十队，一百人组成一个队，十队为一团；步兵八十队，分为四个团，每团一名偏将；每团的铠甲、缨拂、旗幡颜色各异；设受降使者一名，负责奉授诏书，慰劳巡抚之职，不受大将节制；其他的辎重、散兵等也分为四团，由步兵挟路护送；军队的前进、停止或设营，都有一定的次序礼法。癸未（初三），第

一军出发，以后每日一军，前后相距四十多里，一营接一营前进，经过四十天才出发完毕。各军首尾相接，鼓角相闻，旌旗相连九百六十里。炀帝的御营共有十二卫、三台、五省、九寺，分别隶属内、外、前、后、左、右六军，依次随后出发，又连绵八十里。这样的出师盛况，从古至今还是头一次。

【原文】

癸巳，上始御师，进至辽水。众军总会，临水为大陈，高丽兵阻水拒守，隋兵不得济。左屯卫大将军麦铁杖谓人曰："丈夫性命自有所在，岂能然艾灸颎，瓜蒂歕鼻，治黄不差，而卧死儿女手中乎！"乃自请为前锋，谓其三子曰："吾荷国恩，今为死日！我得良杀，汝当富贵。"帝命工部尚书宇文恺造浮桥三道于辽水西岸，既成，引桥趣东岸，桥短不及岸丈余。高丽兵大至，隋兵骁勇者争赴水接战，高丽兵乘高击之，隋兵不得登岸，死者甚众。麦铁杖跃登岸，与虎贲郎将钱士雄、孟叉等皆战死。乃敛兵，引桥复就西岸。诏赠铁杖宿公，使其子孟才袭爵，次子仲才、季才并拜正议大夫。更命少府监何稠接桥，二日而成，诸军相次继进，大战于东岸，高丽兵大败，死者万计。诸军乘胜进围辽东城，即汉之襄平城也。车驾渡辽，引曷萨那可汗及高昌王伯雅观战处以慑惮之，因下诏赦天下。命刑部尚书卫文昇、尚书右

丞刘士龙抚辽左之民，给复十年，建置郡县，以相统摄。

【译文】

癸巳（三月十四日），炀帝开始指挥军队，隋军进至辽水。各路军队集结会合，临辽水排列阵势，高句丽兵依仗辽水据守，隋兵无法渡过辽水。左屯卫大将军麦铁杖对人说："大丈夫的性命自有归宿，怎么能燃艾灸鼻梁，用瓜蒂通鼻，治热病不愈，躺着死在儿女怀里呢？"便自请担任前锋，对他的三个儿子说："我身受国恩，今天是为国赴死的日子了，我死得其所，你们就会富贵了。"炀帝命令工部尚书宇文恺在辽水西岸建造三座浮桥，浮桥建成后，引着浮桥向东岸靠近，浮桥短，距东岸还有一丈多长的距离。高句丽兵大批赶到，隋军中骁勇的士兵争相跳入水中与高句丽兵交战，高句丽兵凭借地势高，回击隋军，隋军无法登岸，战死的人很多。麦铁杖跳上岸，与虎贲郎将钱士雄、孟叉等都战死了。于是隋军收兵，将桥又带回西岸。炀帝下诏追赠麦铁杖为宿公，让他的儿子麦孟才承袭了爵位，铁杖的次子仲才、季才都授以正义大夫的官职。炀帝又命令少府监何稠接长浮桥，两天接成，各军依次进发，与高句丽大战于东岸，高句丽军大败，战死者以万计。各军乘胜进击包围了辽东城，即汉代的襄平城。炀帝车驾渡过了辽水，他带着曷萨那可汗和高昌王伯雅参观战场以慑服他们，并下诏大赦天下。他命令刑部尚书卫文

升、尚书右丞刘士龙安抚辽东百姓，免去辽东百姓徭役十年，并在那里设置郡县以进行统治。

【原文】

诸将之东下也，帝亲戒之曰："今者吊民伐罪，非为功名。诸将或不识朕意，欲轻兵掩袭，孤军独斗，立一身之名以邀勋赏，非大军行法。公等进军，当分为三道，有所攻击，必三道相知，毋得轻军独进，以致失亡。又，凡军事进止，皆须奏闻待报，毋得专擅。"辽东数出战不利，乃婴城固守，帝命诸军攻之。又敕诸将，高丽若降，即宜抚纳，不得纵兵。辽东城将陷，城中人辄言请降，诸将奉旨不敢赴机，先令驰奏，比报至，城中守御亦备，随出拒战。如此再三，帝终不悟。既而城久不下。六月，己未，帝幸辽东城南，观其城池形势，因召诸将诘责之曰："公等自以官高，又恃家世，欲以暗懦待我邪！在都之日，公等皆不愿我来，恐见病败耳。我今来此，正欲观公等所为，斩公辈耳！公今畏死，莫肯尽力，谓我不能杀公邪！"诸将咸战惧失色。帝因留城西数里，御六合城。高丽诸城各坚守不下。右翊卫大将军来护儿帅江、淮水军，舳舻数百里，浮海先进，入自浿水，去平壤六十里，与高丽相遇，进击，大破之。护儿欲乘胜趣其城，副总管周法尚止之，请俟诸军至俱进。护儿不听，简精甲四万。直造城下。高丽伏兵于罗郭内空寺中，出

兵与护儿战而伪败，护儿逐之入城，纵兵俘掠，无复部伍。伏兵发，护儿大败，仅而获免，士卒还者不过数千人。高丽追至船所，周法尚整陈待之，高丽乃退。护儿引兵还屯海浦，不敢复留应接诸军。

【译文】

诸位将领将向东方进军时，炀帝亲自告诫说："今天我们吊民伐罪，不是为了功名。诸将若是有人不理解朕的意图，想以轻兵掩袭，孤军独斗，建立自身的功名以邀赏请封，这不符合大军出征之法。你们进军应当分为三路，有攻战之事，一定要三路人马互相配合，不许轻军独进，以致失利败亡。还有，凡是军事上的进止，都须奏报，等待命令，不许擅自行事。"辽东的高句丽军几次出战不利，于是就登城固守。炀帝命令各军攻城，同时又命令诸将：高句丽人若请求投降，立即就宣布安抚接纳，不得纵兵进攻。辽东城将要攻陷时，城中高句丽人就声称要投降，将领们奉炀帝旨意，不敢抓住这一时机，先命人飞马奏报炀帝，等到答复回来，城中的防守已调整巩固好了，随即高句丽军又坚守城池。如此再三，炀帝仍是不醒悟，因而城池久攻不下。六月己未（十一日），炀帝来到辽东城南，观看辽东城的形势，他把将领们召集起来斥责说："你们自以为官居高位，又依恃着家世显赫，想要暗中怠慢欺骗朕吗？在京师的时候，你们都不愿意

让我来，恐怕我看见你们的私弊和腐败。今天我到这里来，正是要观察你们的所作所为，要杀你们这些废物！今天你们怕死，不肯尽力，以为我不能杀你们吗?”诸将都惊惧、战栗而变了脸色。炀帝因此就留在辽东城西几里外的地方，住在六合城。高句丽的城池都各自坚守，未能攻下。右翊卫大将军来护儿率领江、淮水军，船只连绵几百里，渡海先行，从浿水进入高句丽。距平壤六十里时，与高句丽军相遇，隋水军进攻，大破高句丽军。来护儿想乘胜进取平壤，副总管周法尚阻止他，请他等待各路军队到达后，一同进攻。来护儿不听，他挑选精锐甲士四万人，直趋城下。高句丽人在罗郭内空寺中设下伏兵，先出兵与来护儿交战，然后佯装战败，来护儿率兵追入城内，他纵兵俘获抢掠，队伍乱不成行，这时高句丽的伏兵出击，来护儿战败，仅只身逃出，士卒生还的不过几千人。高句丽军追杀到隋军的船只停泊处，周法尚严阵以待，高句丽军才退去。来护儿率军返回，屯兵于海边，不敢再留下接应各路军队。

【原文】

左翊卫大将军宇文述出扶余道，右翊卫大将军于仲文出乐浪道，左骁卫大将军荆元恒出辽东道，右翊卫将军薛世雄出沃沮道，左屯卫将军辛世雄出玄菟道，右御卫将军张瑾出襄平道，右武侯将军赵孝才出碣石道，涿郡太守检校左武卫将军崔弘升出遂城道，检校右御卫虎贲郎将卫文昇出增地道，皆会于鸭绿水西。述等兵自泸河、怀远二镇，人马皆给百日粮，又给排甲、枪矟并衣资、戎具、火幕，人别三石已上，重莫能胜致。下令军中："士卒有遗弃米粟者斩！"军士皆于幕下掘坑埋之，才行及中路，粮已将尽。

【译文】

左翊卫大将军宇文述率军出扶余道，右翊卫大将军于仲文率军出乐浪道，左骁卫大将军荆元恒率军出辽东道，右翊卫将军薛世雄率军出沃沮道，左屯卫将军辛世雄率军出玄菟道，右御卫将军张瑾率军出襄平道，右武侯将军赵孝才率军出碣石道，涿郡太守检校左武卫将军崔弘升率军出遂城道，检校右御卫虎贲郎将卫文昇率军出增地道，各路大军全部到鸭绿江西岸会集。宇文述等率军从泸河、怀远二镇出发，人马供给一百天的粮秣，又将配排甲、枪矟以及衣资、戎具、火幕，每人负担三石以上重量，使人无法承受。宇文述还下令："士卒有丢弃粮食的斩首！"于是军士们都在幕帐内挖坑把粮草等物埋起来，队伍才走到半路，粮食就快要吃光了。

【原文】

高丽遣大臣乙支文德诣其营诈降，实欲观虚实。于仲文先奉密旨："若遇高元及文德来者，必擒之。"仲文将执之，尚书右丞刘士龙为慰抚使，固止之。

初，九军渡辽，凡三十万五千，及还至辽东城，唯二千七百人，资储器械巨万计，失亡荡尽。帝大怒，锁系述等。癸卯，引还。

宇文述素有宠于帝，且其子士及尚帝女南阳公主，故帝不忍诛。甲申，与于仲文等皆除名为民，斩刘士龙以谢天下。萨水之败，高丽追围薛世雄于白石山，世雄奋击，破之，由是独得免官。以卫文昇为金紫光禄大夫。诸将皆委罪于仲文，帝既释诸将，独系仲文。仲文忧恚，发病困笃，乃出之，卒于家。

【译文】

高句丽派遣大臣乙支文德到隋军军营诈降，其实是要考察隋军的虚实。于仲文事先奉炀帝密旨："要是遇到高元和乙支文德来，一定要把他们抓住。"于仲文要把乙支文德抓起来，尚书右丞刘士龙作为慰抚使，坚决反对抓乙支文德，于仲文只好放乙支文德返回了高丽。

当初，九路军渡过辽河，共三十万五千人，等回到辽东城时，却只有两千七百人，数万的军资储备器械丧失殆尽。炀帝大怒，将宇文述抓起来，用铁链子锁上。癸卯，炀帝率军撤回。

宇文述一向受到炀帝的宠信，而且他的儿子宇文士及又娶了炀帝的女儿南阳公主，因此炀帝不忍处死宇文述。甲申（十一月初八），宇文述与于仲文等都被贬为庶民，刘士龙被斩首以谢罪天下。萨水之败，高句丽在白石山追击围困薛世雄军，薛世雄奋勇攻击，将高句丽军打败，因此只有薛世雄受到免官的处分。炀帝任命卫文升为金紫光禄大夫。诸将都把罪过推到于仲文身上，炀帝也就释放了诸将，只把于仲文关押起来。于仲文忧愤成病，病情加重，于是放他出狱，在家中去世。

李渊兴兵（卷一百八十四◎隋纪八）

【原文】

恭皇帝义宁元年

渊之起兵也，留守官发其坟墓，毁其五庙。至是，卫文昇已卒。戊午，执阴世师、骨仪等，数以贪婪苛酷，且拒义师，俱斩之，死者十馀人，馀无所问。

马邑郡丞三原李靖，素与渊有隙，渊入城，将斩之，靖大呼曰："公兴义兵，欲平暴乱，乃以私怨杀壮士乎！"世民为之固请，乃舍之。世民因召置幕府。靖少负志气，有文武才略，其舅韩擒虎每抚之曰："可与言将帅之略者，独此子耳！"

【译文】

隋恭帝义宁元年（丁丑，公元617年）

李渊起兵后，留守官吏挖掘他家的坟墓，毁掉他家的五庙。到这时，卫文昇已去世。戊午（十一日），李渊将阴世师、骨仪等人抓起来，历数他们的贪婪苛酷和抗拒义师的罪行，将他们全部处死，一共处死了十余人，其余的人不予追究。

马邑郡丞三原人李靖，平素就与李渊有矛盾，李渊入城，要杀掉李靖，李靖大喊道："你兴义兵，想要平息暴乱，怎么能因为私怨而杀壮士呢？"李世民替他再三请求，李渊才放了李靖。李世民就将李靖安排在自己的幕府里。李靖从小就有抱负有志气，文才武略样样精通，他舅舅韩擒虎常常抚摸着他说："能够和我谈论将帅谋略的人，只有这个孩子呀！"